Martin Fieber (Hrsg.)

Bleibe der, der du bist, aber wachse!

365 Tage mit Elias

Martin Fieber (Hrsg.)

Bleibe der, der du bist, aber wachse!

365 Tage mit Elias

BERGKRISTALL

Bergkristall Verlag GmbH, 32108 Bad Salzuflen
Krumme Weide 30
Tel.: 05222 – 923 451
Fax: 05222 – 923 452
info@bergkristall-verlag.de
www.bergkristall-verlag.de
1. Auflage 2008
Umschlag und Satz: Bergkristall Verlag GmbH
Druck und Bindung: Media Print GmbH, Paderborn
Printed in Germany

Umschlagfoto von der Galaxie "Dumbbell Nebula"
(Ausschnitt):
European Southern Observatory® (ESO)

Zeichnungen: Victoria Weiss, spirit media

ISBN 978-3-935422-42-0

Es gibt keine Heiligen, sondern nur solche Menschen, die die Heiligkeit Gottes erkannt haben und ihr deshalb dienen.

Elias

Vorwort

Auf vielfachen Wunsch veröffentlichen wir hiermit gesammelte Worte von Elias aus den letzten Jahrzehnten. Dieses Buch ist ein wahres Geschenk und wird mit Sicherheit viele Herzen begeistern und Seelen erleuchten.

Ich wünsche ihnen nun sehr viel Freude mit Elias und hoffe, dass sie durch seine Worte einige Erkenntnisse für ihr zukünftiges Leben gewinnen können.

Gott zum Gruß und lassen sie es sich gut gehen.

Martin Fieber

1. Januar

Jeder Mensch ist sein eigener Lehrer und Schüler. Es ist wichtig, mal Lehrer zu sein und damit eine gewisse Strenge mit sich selbst zu haben, eine Strenge gepaart mit Konsequenz und Durchhaltevermögen, Disziplin, Offenheit und Ehrlichkeit. Aber auch mal der Schüler zu sein, mal Fehler machen zu dürfen, mit sich selbst tolerant und auch einmal ausgelassen zu sein. Lebe immer im Gleichgewicht.
Lebst du im Gleichgewicht?

2. Januar

Steine haben eine besondere Magie: Sie widersprechen nicht, wenn sie Negativenergie aufnehmen. Sie freuen sich, wenn sie Positives ausstrahlen. Sie sind einfach nur da. Und sie helfen doch so viel.
Freust du dich, wenn du einfach nur da sein darfst?

3. Januar

Deine Wünsche sind für uns Geistwesen die Kraftquelle, damit wir für dich etwas bewegen können.
Was wünschst du dir von uns?

4. Januar

In etwas Ungewisses Vertrauen zu haben, das nicht für dich sichtbar ist, das ist die größte Prüfung für dich.
Hast du dieses Vertrauen?

5. Januar

Familie heißt Zusammenhalt, Ehrlichkeit, Vertrauen und Offenheit.
Bist du offen, bist du ehrlich, hast du Vertrauen, hältst du zusammen?

6. Januar

Der spirituelle Weg im Irdischen ist für jeden Menschen ganz individuell. Jeder wird immer Höhen und Tiefen erfahren, die letztendlich zu der eigenen Lebenserfahrung dazu gehören. Der spirituelle Weg ist nichts anderes als die Wahrheit in sich zu finden und die Wahrhaftigkeit Gottes in sich zu spüren. Alles andere ist Lametta.
Hast du deine Wahrheit schon gefunden?

7. Januar

Viele Menschen denken nur mit ihrem Kopf, sie hören aber nicht auf ihr Herz, denn dort sind die wahren, die reinen Gedanken zu Hause. Lerne, das Herz- und das Verstandesdenken in eine Einheit zu bringen.
Gelingt dir dies schon?

8. Januar

Durch dein Bereitsein, dich innerlich der geistigen Welt zu öffnen, werden dir Welten gezeigt, die du mit deinem Herzen, mit deiner Seele aufnehmen kannst, obwohl du sie aber später gar nicht in Worte fassen kannst.
Bist du bereit und öffnest du dich der geistigen Welt?

9. Januar

Wichtig für dich ist, eine konsequente vertrauensvolle Verbindung zu uns, zum positiven geistigen Reich, zu behalten und dich nicht aus der emotionalen Ruhe bringen zu lassen. Denn ansonsten bist du ein Spielball der negativen Kräfte. Habe das absolute Urvertrauen zum Göttlichen.
Hast du dieses Urvertrauen?

10. Januar

Die Freiheit ist gefährlich, weil sie missbraucht werden kann. Deshalb darf sie nur eine Belohnung für höchste Tugendhaftigkeit sein. Wer Anspruch auf Freiheit erhebt, der muss auch die nötige geistige Reife besitzen.

Kannst du deine geistige Reife erkennen?

11. Januar

Ein Mensch, der sich mit dem geistigen Reich befasst, der ,Ja' zum Jenseits sagt, der muss unbedingt lernen, trotz allen Angriffen und negativen Anschuldigungen positiv zu bleiben und weiterhin seinen Weg zu gehen. Denn dadurch beweist er die Stärke seiner Seele und sein Vertrauen und die Freundschaft zum geistigen Reich.

Gehst du deinen eigenen Weg?

12. Januar

Die Geschichte vom ungläubigen Thomas ist für jeden ein sichtbares Zeichen, den Entwicklungsstand der eigenen Seele einzuordnen.
Glaubst du ohne zu sehen?

13. Januar

In einer jeglichen Partnerschaft zählen einzig und allein die Gefühle zueinander. Sind diese eng verschlungen und durch nichts zu durchbrechen, so ist dies in Gottes Sinn.
Wie sehen deine Gefühle aus?

14. Januar

Bitte gib niemals die Hoffnung auf, auch wenn sich dein Leben im Moment schwierig gestaltet. Denn wer die Hoffnung aufgibt, der gibt auch Gott auf!
Hast du Gott aufgegeben?

15. Januar

Bitte sprich achtsam und gewählt. Die Sprache ist die Kleidung der Gedanken. Willst du in einer schäbigen Kleidung herumlaufen?

Wie sieht deine Sprache aus?

16. Januar

Sehe nicht die Schwächen der Menschen, sondern die geistige Stärke, die in ihnen steckt.

Kannst du die Stärke der Seelen erkennen?

17. Januar

Es kommt nicht darauf an, ob wir etwas für möglich oder für unmöglich halten. Es kommt darauf an, ob es wahr oder unwahr ist.

Erkennst du die Wahrheit in deinem Leben?

18. Januar

Echte Weisheit ist unaufdringlich, dafür aber sehr eindringlich.
Erkennst du echte Weisheit in deinem Leben?

19. Januar

Finde das Licht für dich und helfe anderen Menschen, so wird auch dir geholfen. Dies ist ein kosmisches Gesetz.
Vertraust du diesem Gesetz?

20. Januar

Ein Mensch kann sehr viel Wissen haben. Ob er deshalb auch weise ist, richtet sich ganz nach der Art seines Wissens und nach seinem Gebrauch.
Welches Wissen hast du und wie gebrauchst du es?

21. Januar

So lange die Menschheit untereinander feindlich gesinnt ist, so lange wird es auch keine umfassende Gerechtigkeit geben. Schließe Frieden mit den Menschen, mit denen du Probleme hast.
Hast du schon mit den Menschen Frieden geschlossen?

22. Januar

Es gibt keine geistige Überlegenheit! Wenn ein Mensch weit entwickelt ist, hat er automatisch auch die größere Verantwortung zu tragen und weiß darum auch um seine Verantwortung. Dadurch ist er demütiger geworden und sieht es als seine Aufgabe an, seinen Schwestern und Brüdern zu helfen.
Wie sieht deine Demut Gott gegenüber aus?

23. Januar

Die Willensfreiheit der Menschen wird von Gott unter allen Umständen respektiert, nicht aber von allen Erdenmenschen.
Erkennst du deinen freien Willen als dein höchstes Gut?

24. Januar

Der Starke soll den Schwachen stützen. Der Wissende soll dem Unerfahrenen helfen. Im Dienen liegt die wahre Überlegenheit.
Fällt dir das selbstlose Dienen leicht?

25. Januar

Die Türen der Wahrheit sind nur für den Suchenden geöffnet. Allen anderen fehlt das Erkennungsvermögen und auch das Verständnis dafür.
Suchst du wirklich nach echter Wahrheit?

26. Januar

Falsche Ideale führen zu falschen Lebensführungen mit allen ihren schrecklichen Folgen. Darum müssen die Ideale von dir genau geprüft werden, bevor du sie akzeptierst.

Folgst du den richtigen Idealen?

27. Januar

Eine höhere Kraft kann der Mensch in sich selbst nur entwickeln, wenn er sich zu einem höheren Denken entschließt.

Hast du dich schon dazu entschlossen?

28. Januar

Der wahre Mensch erweist sich als solcher erst durch seine positiven Beziehungen zu seinen Mitmenschen.

Wie sehen deine Beziehungen zu deinen Mitmenschen aus?

29. Januar

Die Größe einer Anhängerschaft gibt keinen Aufschluss über die Richtigkeit dieser oder jener Weltanschauung. Glaube an die Religion deiner Seele.

Kannst du deiner Seelenkraft vertrauen und an sie glauben?

30. Januar

Ein guter Lehrer drängt sich nicht auf, sondern hat die Gabe, zum eigenen Nachdenken anzuregen.

Bist du auch manchmal ein guter Lehrer?

31. Januar

Sei gewiss, Gottes Hand ist in deiner Nähe. Du brauchst nur danach zu greifen. Ergreifst du diese göttliche Hand, dann hast du dein Urvertrauen gefunden.

Hast du schon dein Urvertrauen gefunden?

1. Februar

Wer sich über die eigenen Fehler ärgert, der macht bereits geistige Fortschritte.
Wie sehen deine geistigen Fortschritte aus?

2. Februar

Es gibt in Wahrheit keine Trennung zwischen Gott und seiner Schöpfung, also auch keine zwischen Gott und dir.
Fühlst du dich mit Gott verbunden?

3. Februar

Klare Worte, die man einem anderen Menschen mitteilt, bleiben leichter in seiner Seele haften und regen später eher zum Nachdenken an. Vorausgesetzt, diese Worte werden mit Liebe ausgesprochen.
Sprichst du mit Liebe zu anderen Menschen?

4. Februar

Ohne die bedingungslose Anerkennung der göttlichen Gesetze gibt es keine Menschenwürde und keinen wirklichen Frieden.
Erkennst du die göttlichen Gesetze an?

5. Februar

Höre auf deine innere Stimme, dann kannst du Inspirationen von deinem Schutzpatron empfangen.
Nimmst du die Inspirationen deines Schutzpatrons wahr?

6. Februar

Wer aufbauend lehren möchte, darf sich nicht streiten. Den wirklichen Lehrer erkennt man an seiner Geduld.
Bist du geduldig?

7. Februar

Stelle dich immer wieder in göttliches Licht und unter den göttlichen Schutz. Bitte um göttliche Führung und wisse, dass du immer von positiven Geistwesen umgeben bist.
Bittest du täglich um diesen Schutz?

8. Februar

Die Liebe ist der Schlüssel zu allen Mysterien des Alls.
Weißt du, was wahre Liebe ist?

9. Februar

Betrachte einmal eine einzige Blume als ein Geschenk Gottes. Ich sage dir, sie ist überaus wertvoller als das teuerste Auto!
Welchen Wert hat für dich eine Blume?

10. Februar

Viele, die sterben, sind im ersten Jenseits-Stadium die Gleichen, die sie zu ihrer irdischen Lebzeit waren, denn sie haben nur ihre körperliche Hülle abgeworfen. Sie haben keinesfalls ihre Individualität gewechselt oder ihren Charakter verändert. Alle ihre Gewohnheiten, Charakterzüge und ihre Empfindlichkeiten, sowie andere Merkmale bleiben in der ersten Zeit so, wie sie auf Erden waren. Der Selbstsüchtige bleibt selbstsüchtig, der Geizige geizig, der Unwissende unwissend und der Täuscher bleibt so, wie er war und täuscht weiter. Der Lügner lügt ununterbrochen, bis das geistige Erwachen langsam beginnt. Der Liebende aber kann dann noch mehr lieben.

Erkennst du die tiefe und umfassende Wahrheit dieser Worte?

11. Februar

Die Wahrheit entwickelt in dir unvorstellbare Kräfte, die jeden Kummer überwinden!
Wie groß ist die Kraft der Wahrheit in dir?

12. Februar

Wer allein schon in Gedanken an einem Anderen Kritik übt oder ihn beleidigt oder kränkt, der verwundet dessen Seele.
Wie sehen deine Gedanken anderen Menschen gegenüber aus?

13. Februar

Es kommt nicht darauf an, wie die Dinge und Vorkommnisse uns erscheinen, sondern wie sie wirklich sind. Nach diesen Erkenntnissen solltest du suchen.
Welche dieser Erkenntnisse hast du schon gefunden?

14. Februar

Viele Menschen sind zu bequem, um selbst nachzudenken. Sie verlassen sich lieber auf das Denken anderer Menschen. Dabei haben sie aber keine Kontrolle darüber, ob das Denken ihrer Vorbilder auch richtig ist.
Verlässt du dich auf das Denken von anderen Menschen oder entscheidest du selbst?

15. Februar

Rette deine Seele dadurch, dass du sie nicht geistig verhungern lässt.
Bist du geistig hungrig?

16. Februar

Wahre Demut zeigt sich nicht in Worten, sondern im Verhalten. Demut fordert keine Anerkennung.
Brauchst du Anerkennung im Leben?

17. Februar

Es kommt für dich darauf an, an dir selbst festzustellen, wie negativ du denkst und handelst, um diese Gedanken dann zu verändern. Das ist der entscheidende Schritt zu deiner geistigen Höherentwicklung.
Möchtest du deine Gedanken verändern?

18. Februar

Nicht das hohe Wissen allein ist entscheidend, sondern die richtige Nutzanwendung.
Wendest du dein hohes Wissen richtig an?

19. Februar

Wer zu keinem wahren Gottglauben fähig ist, der ist auch zu keiner wahren Liebe fähig.
Bist du es?

20. Februar

Habe Verständnis für die Not deiner Mitmenschen, aber zeige keine Bereitschaft,
deren Fehler zu unterstützen.
Kannst du wahre Not bei deinen Mitmen-
schen erkennen? Hilfst du ihnen dann?

21. Februar

Lehne alles ab, was deiner Vernunft nicht
zusagt, weise alles zurück, was dir fremd
erscheint.
Vertraust du deiner Vernunft?

22. Februar

Wenn du nicht ständig den Willen hast,
nach oben zu streben, zieht es dich unweigerlich hinab.
Erkennst du die tiefe Weisheit in diesen
Worten?

23. Februar

Jedes Wort einer Sprache löst einen Begriff aus. Wer aber die Wahrheit nicht richtig begreifen kann, dem nutzen die besten Worte nichts, denn er reimt sich dann die Wahrheit so zusammen, wie er sie haben möchte.

Begreifst du die Wahrheit in deinem Leben?

24. Februar

Wer Gott verneint, der erhebt sich selbst zum höchsten Wesen des Universums. Kann es einen größeren Hochmut hier auf Erden geben? Schon allein der Anblick der unendlich vielen Sterne und Galaxien im Vergleich zum eigenen menschlichen Wirkungsbereich sollte vollauf genügen, uns ganz bescheiden werden zu lassen.

Bist du wahrhaft bescheiden?

25. Februar

Wer mit der Masse geht, der kommt nur langsam voran. Darum suche dir selbst deinen eigenen Weg.

Hast du deinen Weg schon betreten?

26. Februar

Und wenn man den ganzen Himmel in- und auswendig kennen würde, ja, selbst alle Gesetze Gottes geistig und materiell erforscht hätte, es würde nichts nutzen ohne die unermüdlich tätige Liebe.

Wie groß ist deine Liebeskraft?

27. Februar

Die Kunst soll das göttliche Wirken beweisen und den Menschen erfreuen, statt ihn zu beleidigen. Darum gehört zur wahren Kunst mehr Gewissen als Talent.

Erkennst du deinen inneren Künstler?

28. Februar

Womit sollst du in deiner geistigen Aufwärtsentwicklung beginnen? Nimm Rücksicht auf die empfindlichen Nerven deines Mitmenschen, dann respektierst du seine göttliche Seele.
Übst du diesen Respekt aus?

29. Februar

Gott und wirklicher Frieden sind identisch. Ein Frieden, der ohne die Anerkennung Gottes und seiner Gesetze auskommen möchte, ist reine Illusion.
Lebst du in Frieden?

1. März

Und vergiss eines nicht: Das Lachen. Das Lachen ist Balsam für die Seele.
Lachst du genug?

2. März

Versuche herauszufinden, welche Gedanken hinter den gesprochenen Worten der Menschen stehen.
Kannst du die Gedanken dahinter erkennen?

3. März

Setze für das Wort ‚Frieden' das Wort ‚Geborgenheit'. Die Einstellung jeder Art von Feindseligkeit ist noch kein Frieden, so lange sich ein Mensch vor einem anderen fürchten muss. Erst die echte Nächstenliebe garantiert Geborgenheit.
Fühlst du dich in deinem Leben geborgen?

4. März

Die Seele wächst durch die Widerwärtigkeiten des Lebens, denn bedenke, dass ein Edelstein erst durch die Bearbeitung wertvoll wird.
Welchen Wert besitzt dein seelischer Edelstein?

5. März

Wenn deine Seele wächst, dann wachsen auch dein Gefühl und dein Empfinden.
Wächst deine Seele?

6. März

Die wahre Liebe kennt keinen Kompromiss, sie ist absolut in ihrer göttlichen Form. Jede Entfernung von der reinen Liebe ist gleichzeitig eine Entfernung von Gott.
Bist du noch von Gott entfernt, oder lebt er schon in dir?

7. März

Wer in der Vergangenheit wühlt, der verliert den Blick für eine positive Zukunft.
Wühlst du noch oder blickst du schon in die Ferne?

8. März

Deutelei ist unwissenschaftlich. Suchen und Erkennen ist die wahre Wissenschaft. Der Kernpunkt aller Dinge und allen Seins ist immer Gott.
Ist Gott in deinem Leben der Kernpunkt?

9. März

Wenn der Mensch seine eigentliche Lebensaufgabe erkennt, dann wird er auch die Lösung für seine irdischen Probleme finden.
Erkennst du deine wahre Lebensaufgabe?

10. März

Wer auf Erden seine Liebe nicht entwickelt und gepflegt hat, der muss das immer wieder versuchen. Daher gibt es die Reinkarnation, eine irdische Wiedergeburt. Das Fleisch ist ein Gegenstand, um die Liebe zu entwickeln. Das wurde noch nicht erkannt. Keine Seele kann im geistigen Reich glücklich werden, wenn sie nicht einen hohen Grad an Liebe erreicht bat. Der Himmel ist kein Erholungsziel, sondern eine Gemeinschaft liebender Seelen, die keine Feindschaft kennen und gleiche Interessen der Höherentwicklung haben.
Wie sieht dein Interesse an der geistigen Höherentwicklung aus?

11. März

Suche nicht den einen Weg, suchen deinen Weg.
Hast du deinen Weg gefunden?

12. März

Nicht der Buchstabe macht glücklich, sondern das gute Herz mit seinen positiven Taten.
Bist du glücklich?

13. März

Beweise für die Existenz Gottes gibt es in Hülle und Fülle. Das ganze Dilemma dieser Erde besteht aber darin, dass viele Menschen aus geistiger Unreife diese Beweise nicht als solche erkennen können oder anerkennen wollen.
Erkennst du die Beweise Gottes?

14. März

Wer wirklich frei und zutiefst glücklich sein will, der braucht sich nur in der uneigennützigen Liebe zu üben.
Übst du dich darin?

15. März

Die charakterliche Aufwärtsentwicklung des Menschen zeigt sich zuerst darin, wenn er sich helfende Gedanken um seine Mitmenschen macht.
Wie kannst du deinen Mitmenschen helfen?

16. März

Du solltest nie etwas beurteilen, was du nicht aus eigener Erfahrung kennst. Viel besser ist es, sich eine umfangreiche Orientierung zu erwerben.
Kennst du alles, was du beurteilst?

17. März

Ein Irrtum ist weit gefährlicher als eine Naturkatastrophe. Ein Irrtum reicht bis ins jenseitige Leben hinein.
Hast du alle Irrtümer deines Lebens gefunden?

18. März

Mit der Geburt erhält die Seele als Leihgabe einen irdischen Körper. Damit kann sie die Materie sinnvoll nutzen und positive Werte schaffen. Die Seele ist also Gast auf dieser Erde und sollte sich auch so benehmen.

Fühlst du dich als Erdengast?

19. März

Es gibt viele Konfessionen und Sekten. Warum gibt es keine einheitliche Religion der absoluten Wahrheit? Sie ist nicht möglich, so lange die Menschheit herumrätselt, auf welche Art und Weise man Gott lieben und verehren soll. Die wahre Verehrung Gottes besteht in der uneigennützigen Nächstenliebe. Auf diese Weise kann es dann zu einer einheitlichen Religion der göttlichen Wahrheit kommen.

Auf welche Weise liebst du Gott?

20. März

Jedes Unternehmen braucht eine Verwaltung. Auch das göttliche Universum muss verwaltet werden. Ein winziger Bruchteil der Schöpfung wird von den Erdenmenschen verwaltet. Doch wer hält in der ganzen Schöpfung Ordnung? Wer überwacht zum Beispiel die Naturgesetze?

Hältst du in deinem Leben Ordnung?

21. März

Damit der Mensch nicht in den Irrtum verfällt, allein auf dieser Erde zu leben, zeigt Gott ihm das Licht der Sterne. Damit der Mensch nicht dem Irrtum unterliegt, dass die Materie dominiert, gibt es übersinnliche Wahrnehmungen.

Erkennst du deine übersinnlichen Wahrnehmungen?

22. März

Nur das Materielle sehen und die geistige Welt außer Betracht lassen, das führt unweigerlich zur Einseitigkeit und somit zur schweren Erkrankung der Seele, da sie geistiger Herkunft ist. Der Körper ist der Seele untergeordnet, darum muss er miterkranken. Pflege deine Seele, sie heilt deinen Körper.

Pflegst du deine Seele?

23. März

Warum hat die Menschheit die Achtung vor Gott und seinen Engeln verloren? Nur dadurch, dass Gott und die Engel vermenschlicht wurden. Doch damit ist deren Existenz nicht ausgelöscht und ihr Wirken besteht nach wie vor.

Wie siehst du Gott und die Engel?

24. März

Der wahre Frieden ist identisch mit: Höflichkeit, Verständnis, Gerechtigkeit, Hilfsbereitschaft, Ehrlichkeit, Menschenwürde, Geborgenheit, Gewaltverzicht und Nächstenliebe. Fehlt auch nur eines davon, so handelt es sich nur um einen gefährlichen Scheinfrieden.
Was fehlt bei dir?

25. März

Was ist Wahrheit? Alles, was dem Leben nützt und den Geist in Liebe fördert. Was ist Lüge? Alles, was das Leben gefährdet und dem Geist durch Hass schadet. Der Mensch lebt zwischen Wahrheit und Lügen, zwischen Gott und dem Widersacher und muss sich täglich neu entscheiden.
Wie lautet deine Entscheidung?

26. März

Dein Leben hat mit deinen Energien und Schwingungen zu tun. Der Planet Erde lebt von den Energien und Schwingungen. Wie du mit der Natur umgehst, so geht die Natur mit dir um. So wie du mit deinem Körper umgehst, welche Energien du ihm zuführst, so geht dein Körper mit dir um. Alles ist Schwingung.

Erkennst du das Geheimnis deiner Schwingungen?

27. März

Wahrheit kann nicht aus philosophischen Betrachtungen gewonnen werden, sondern aus der Meditation, die gar nichts mit der Verstandeswissenschaft zu tun hat. Echte Meditation mit hervorragenden Ergebnissen ist nur durch die Anerkennung Gottes möglich.

Wie sehen deine Ergebnisse aus?

28. März

Die höchsten Erkenntnisse lassen sich nicht in Worte fassen. Die wirkliche Ehrfurcht gebietet Schweigen.
Möchtest du dich im Schweigen üben?

29. März

Übertreibe nicht die Fehler deiner Mitmenschen, um dadurch deine eigenen Fehler zu verdecken. Bei anderen Menschen verurteilt man gerade das, was man selbst so heimlich liebt.
Welche Fehler verdeckst du bei dir?

30. März

Irrtümer schweigend hinzunehmen, ist keine Toleranz. Die Wahrheit soll dem Irrtum mutig entgegentreten und dem Irrenden verzeihen.
Trittst du dem Irrtum mutig entgegen?

31. März

Jeder Schaden den der Mensch der irdischen Welt zufügt, den fügt er auch seinem eigenen Körper zu. Eine geschändete Erde bringt geschändete Körper zur Welt.
Wie denkst du hierüber?

1. April

Gott bleibt immer geistiger Sieger.
Vertraust du seinen Siegen?

2. April

Wir sind nicht beauftragt, eine Religion zu stiften, sondern wir haben die Aufgabe, die Wahrheit zu lehren. Es geht nicht weiter so, dass die Erdenmenschen sagen; „Ich glaube daran" oder „Ich glaube nicht daran." Es geht darum, dass sie in Zukunft sagen: „Ich weiß! Ich bin durch das geistige Reich von der Wahrheit der ewigen Existenz überzeugt worden!" Es gibt ein Leben nach dem Ableben der irdischen Materie. Die so genannten ‚Toten' leben in einem unermesslich großen Reich weiter. Dieses Reich hat wundervolle Schönheiten, aber es hat auch seine Abgründe der Finsternis.
Bist du von der Wahrheit überzeugt worden?

3. April

Schaffe dir keinen Standpunkt. Jeder Standpunkt in den Ansichten ist ein Stillstand, der dich am Schaffen von höheren Erkenntnissen hindert.
Welche höheren Erkenntnisse hast du bisher erlangt?

4. April

Nichts ist schöner als Lachen und Weinen zu können. Es gehört zusammen wie der Körper mit der Seele, wie Gott mit Jesus Christus, wie wir mit dir.
Fühlst du diese Verbundenheit?

5. April

Der ‚Himmel' beginnt in deinem Herzen, die ‚Hölle' jedoch in deinen Begierden.
Wie groß ist dein Herz, wie groß sind deine Begierden?

6. April

Das Leben ist Geist - und Geist ist das Leben! Der Geist ist unendlich, ohne Anfang und ohne Ende. Der Geist lässt sich in keinen Stoff pressen, er steht nur mit dem Stoff in Verbindung. Der Stoff ist nur eine schwache Reflexion des Geistes.

Ist dein Leben mit Geist erfüllt?

7. April

Wer der Wahrheit dient, der dient der Menschheit, und wer der Menschheit dient, der dient Gott. Schon diese Tatsache trägt einen Lohn in sich, den du heute noch nicht ermessen kannst. Der Mensch spricht so viel von Religion, aber es zeigt sich, dass die Menschheit auf der ganzen Erde noch nicht begriffen hat, was Religion wirklich bedeutet.

Erkennst du die Bedeutung von Religion?

8. April

Dein Körper ist nicht dein persönliches Eigentum, sondern eine Leihgabe Gottes.
Hast du dir darüber schon einmal Gedanken gemacht?

9. April

Jeder Mensch ist medial. Medialität kann bedeuten, eine Verbundenheit mit einer anderen Seele zu finden. Medialität kann auch bedeuten, Menschen zuzuhören, bei Problemen an der Seite zu stehen, sich uneigennützig zu verhalten. Medialität kann auch heißen, einen Menschen ewiglich zu lieben, auch wenn er viele Probleme macht, auch wenn er uneinsichtig ist oder das Göttliche noch nicht in sich gefunden hat. So heißt dies dann auch, sich auf seine eigene Medialität zu berufen, wo immer sie liegt.
Worin liegt deine Medialität?

10. April

Jede Falte in deinem Gesicht ist etwas Schönes. Sie ist ein Zeichen für Reife und Erkenntnis.
Achtest du deine Falten?

11. April

Deine Seele ist auf der Erde inkarniert, um etwas zu lernen und erst im geistigen Reich kann sie ernten, was sie hier gesät hat. So einfach ist das.
Was hast du bisher gesät?

12. April

Du bist ein ungeschliffener Diamant, der von anderen Menschen und von der geistigen Welt geschliffen wird.
Lässt du dieses Schleifen zu?

13. April

Achte auf deine Entwicklung, lese dein eigenes Buch in dir und du wirst uns Geistwesen, das geistige Reich, dort finden.
Hast du uns schon gefunden?

14. April

Das Leben erwartet von der Seele überhaupt nichts, nur die Seele erwartet unendlich viel vom Leben.
Was erwartet deine Seele vom Leben?

15. April

Du fragst: Warum muss der Mensch soviel Leid und Schmerz ertragen? Wir sagen: Der Schmerz öffnet dein Herz.
Kannst du diesen Gedanken seelisch nachvollziehen?

16. April

Wenn Gott zu dir spricht, so redet er dir zuerst ins Gewissen. Je klarer deine Seele ist, desto besser kann sie die Worte Gottes verstehen. Veredle darum deine Seele.
Wie klar ist deine Seele?

17. April

Wahre Religion ist der Ausdruck echter Nächstenliebe. Darum solltest du dich auch gewissenhaft prüfen, was du wirklich liebst.
Was liebst du aus reinem Herzen?

18. April

Bleibe der, der du bist, aber wachse!
Wächst du?

19. April

Solltest du in deinem irdischen Leben auf menschlicher Seite Enttäuschungen erleben oder traurig sein, so nehme dies an. Es ist wichtig! Jeder Tag ist ein Geschenk, jeder Tag bringt dich in deiner spirituellen Entwicklung für deine Seele im geistigen Reich einen Schritt weiter. Achte auf dein Innenleben, achte auf deine Seele, denn sie wird weiterleben. Folge nicht irgendeinem Phantom, sondern folge dem Licht in dir.

Siehst du das Licht in dir, dem du folgen kannst?

20. April

Du selbst bestimmst für dein Leben, wann du etwas für deine Seele erkennst und wann nicht.

Was hast du bereits erkannt?

21. April

Lebe einfach, genieße dein Leben und dann bist du ein großes Kraftpotential für die geistige Welt.
Genießt du dein Leben in Einfachheit?

22. April

Die jenseitigen Vorteile sind unverkäufliches Geistesgut. Wer über die Schwelle tritt, zahlt alles mit seinem Herzen.
Wie sieht dein Geistesgut aus, das du bisher erworben hast?

23. April

Religion heißt: Die Verehrung Gottes im lebendigen Menschen!
Verehrst du Gott in deinem Gegenüber?

24. April

Wo ist Gott zu finden? Gott ist nicht im Außen zu finden, sondern im Inneren, immer in der eigenen Seele. Und wenn man an sich glaubt, an seine Stärke, an seinen Mut, so glaubt man auch automatisch an die göttliche Energie. So glaubt man automatisch an Gott.

Glaubst du an dich?

25. April

Geduld lernen heißt: Mit dem Leben, mit dem eigentlichen Sein in eine positive, und harmonische Zufriedenheit zu kommen. Diese Zufriedenheit leben zu lernen und zu genießen, dabei aber auch den eigenen Geist zur Geduld zu bringen, das ist wahre göttliche Geduld.

Gelingt dir dies schon?

26. April

Im Jenseits wird jede Seele durch eine magische, magnetische Kraft innerhalb des Sphärenbereiches festgehalten. Auf der Erde ist das ganz anders. Dieser Stern ist ein Läuterungsplanet von bedeutender Schönheit, aber auch von großen Meeren und endlosen Wüsten. Für jede Seele hat Gott auf Erden eine Heimat geschaffen. Im Gegensatz zum geistigen Reich gibt es auf dieser Erde ein gewisses Sphärengemisch. Die auf der Erde lebenden Menschen sind daher nicht nach gut und böse oder nach ihrer Entwicklung voneinander getrennt. Niemand wird auf der Erde magnetisch an seinem Ort festgehalten, wie das im geistigen Reich der Fall ist.

Findest du diese Gedanken erlösend oder beängstigend?

27. April

Jesus Christus hat versucht, Licht ins Dunkel zu bringen. Er hat versucht, Aufklärung zu bringen, er hat versucht, den Gott in jedem einzelnen aufzuwecken. Gott ist eine Energie, eine Macht der Liebe, eine Macht, die auch du in dir trägst.

Erkennst du das Göttliche in dir?

28. April

In einem Erdenleben kannst du mehr für deine Seele erreichen als in 1.000 Jahren im geistigen Reich. Deshalb achte jeden Tag.

Ist dir dieses große Geschenk des Lernens bewusst?

29. April

Wo Druck ist, ist Angst!

In welchen Bereichen deines Lebens fühlst du dich bedrückt?

30. April

Sehr treffend sagte Christus: „Was nützt es schon, wenn man die ganze Welt gewönne und nähme Schaden an seiner Seele!" Im geistigen Reich gibt es ehemalige Millionäre, die mit den jetzigen Erkenntnissen auf alles verzichten würden, wenn sie nur einen Schimmer der Wahrheit erfahren hätten. Die absolute, objektive Wahrheit vom geistigen Reich ist mit keiner Währung zu bezahlen. Ihr Wert ist unvergleichlich kostbarer und keine Industrie kann auch nur einen Bruchteil davon bieten. Materielles Denken verhindert die geistige Entwicklung. Der Mensch muss sich bemühen, den Angeboten der Industrie und des Wirtschaftslebens weniger Beachtung zu schenken und vermehrt die geistigen Werte zu berücksichtigen.

Berücksichtigst du genügend die geistigen Werte in deinem Leben?

1. Mai

Gott erkennt und wertet jede Tätigkeit in seinem Weltenplan höher, als es die Menschheit tut. Derzeit unentlohnte Arbeit im Plane Gottes wird ebenfalls gerecht honoriert. Auch das ist unabhängig von der Zeit.

Glaubst du an die Gerechtigkeit Gottes?

2. Mai

Die Aufgabe eines jeden Menschen ist, geistig zu reifen und seine Seele zu vervollkommnen. Jeder Mensch wird hier auf der Erde vor bestimmte Aufgaben gestellt. Diese gilt es, herausfinden. Dazu hast du einen Wegbegleiter aus dem geistigen Reich an deine Seite gestellt bekommen, den so genannten Schutzpatron oder Schutzengel.

Fühlst du die Begleitung deines Schutzpatrons?

3. Mai

Je größer die Verbindung zwischen deiner Seele und Gott wird, umso feinstofflicher wird dein Inneres.
Wie stark fühlst du dich mit Gott verbunden?

4. Mai

Der Wert des Menschen wird nicht durch die Art seiner Tätigkeit bestimmt, sondern durch den guten Dienst, den er im Plan Gottes tut.
Wie dienst du?

5. Mai

Das höchste Glück, das du erreichen kannst, besteht in der Zufriedenheit deiner Seele.
Bist du zufrieden?

6. Mai

Im Buche des Lebens gibt es eine Seite, die Gott geschrieben hat. Der Mensch aber wagt nicht, diese Seite aufzuschlagen, sonst wüsste er über das größte Geheimnis besser Bescheid.

Hast du diese Seite schon einmal gelesen?

7. Mai

Gott schuf das ganze Universum aus seinem Willen. Was meinst du, was du alles schaffen könntest, wenn du andauernd das Gute wolltest?

Vertraust du deiner inneren Schöpferkraft?

8. Mai

Sei streng gegen dich selbst und nachsichtig gegenüber anderen.

Was fühlst du bei dieser Aussage?

9. Mai

Wahre Religion besteht nicht in Äußerlichkeiten, sondern gerade das Gegenteil ist der Fall. Die wahre Religion ist ein seelischer Vorgang.
Wie sieht deine Religion aus?

10. Mai

Gottes Gerechtigkeit besteht nicht in der Vergeltung, sondern in der Möglichkeit der Wiedergutmachung und der Besserung. Dafür ist es nie zu spät, weil der Tod kein absolutes Ende bedeutet.
Erkennst du Gottes Gerechtigkeit?

11. Mai

Das Denken ist die höchste göttliche Gabe und der Missbrauch der Gedanken ist die höchstmögliche Gotteslästerung.
Wie sieht dein Denken aus?

12. Mai

Wenn die Menschen glauben, dass Gott ein Auge zudrückt und jedes Unrecht so ohne weiteres geschehen lässt, so sind sie in einem folgenschweren Irrtum. Man kann weder im Diesseits noch im Jenseits beurteilen, wie lange Gott Geduld zeigt. Jede Rechnung muss beglichen werden, es ist nur eine Frage der Zeit. Gott ist unbestechlich gerecht.

Bist du gerecht?

13. Mai

Das schlechte Gewissen kommt aus dem eigenen Selbst, wenn man gegen seine Seele gehandelt hat. Der Hüter der Gedanken und der Gefühle ist der Mensch selbst! Auch du.

Wie fühlt sich dein schlechtes Gewissen an?

14. Mai

Leistet man jemandem Beistand, so darf man nicht danach fragen, wer dieser denn sei. Einzig und allein sollte die Tatsache gelten, dass jeder Mensch ein Geschöpf Gottes ist.

Erkennst du in jedem Menschen Gottes Geschöpf?

15. Mai

Der wahre Glaube ist die beste Medizin. Diese Medizin sollte von jedem tüchtigen Arzt vermittelt werden.

Ist dein Glaube eine gute Medizin?

16. Mai

Wer Gott wirklich liebt, der ist und bleibt zufrieden, ganz gleich, in welcher Prüfung er sich gerade befindet.

Bist du zufrieden?

17. Mai

Es genügt nicht, nur geistige Erkenntnisse zu erwerben. Der wahrhaft Suchende muss in allen Dingen auch korrekt sein.
Bist du korrekt?

18. Mai

Der Mensch trägt seinen Mitmenschen gegenüber eine gewisse Verantwortung. Die höhere Verantwortung besteht aber dem göttlichen Weltenplan gegenüber. Man sollte sich daher um dieses Wissen bemühen.
Hast du dir schon universelles Wissen angeeignet?

19. Mai

Gott ist kein allmächtiger Zauberer, sondern ein ganz gerechter Gesetzgeber. Er kennt keinen Zorn, sondern nur Ermahnungen.
Wie sieht dein Gottesbild aus?

20. Mai

Harmonie und Frieden sind göttliche Begriffe. Wer durch Genussgifte und Laster seinen eigenen Körper schändet, begibt sich in Disharmonie und Unzufriedenheit. Es folgen Zwietracht und Feindschaft. So wird Chaos vorprogrammiert.
Bist du in Frieden?

21. Mai

Es ist ein großer Irrtum zu glauben, dass das Leben mit der Geburt beginnt und mit dem Tode endet. Beides sind nur zwei markante Punkte in der unendlichen Kette des universellen Lebens.
Erkennst du die erhabene Weisheit in diesem Gedanken?

22. Mai

Der Mensch strebt im Technischen nach der Vollendung. Doch er strebt nicht nach der Vollendung des Geistes und der Seele.
Wonach strebst du?

23. Mai

Suche die Gesellschaft derer, die in den göttlichen Belangen schon Selbsterfahrung haben und nicht nur auf Buchstaben zurückgreifen müssen.
Kennst du Menschen, die das spirituelle Gedankengut leben?

24. Mai

Die Liebe ist die größte Macht im ganzen Universum. Darum pflege und vervollkommne die Liebe, sie verleiht dir dann auch große Macht im Universum.
Spürst du die Macht tief in dir?

25. Mai

Was die Menschen am meisten fürchten, ist die Gerechtigkeit Gottes. Darum wird Gott so sehr abgelehnt oder verfälscht.
Schaue tief in dich hinein: Fürchtest du dich vor Gott?

26. Mai

Die Wahrheit braucht weder Samt noch Seide. Drum lasse dich nicht von Äußerlichkeiten täuschen.
Wie stark achtest du auf das Äußerliche?

27. Mai

Ein einziger Frost kann eine ganze Ernte vernichten. Eine einzige Enttäuschung zerstört oft den ganzen Gottglauben. Lass dieses nicht zu.
Ist schon einmal dein Gottglauben beschädigt worden?

28. Mai

Der Mensch tauscht seine Jugendfrische im Lauf der Jahre gegen Erkenntnis ein. Wer aber seine Jugendfrische sinnlos vergeudet, dem fehlt im Alter beides.
Wie viel Erkenntnis hast du bisher erlangt?

29. Mai

Wenn die Menschen nur das aussprechen würden, was sie genau durchdacht haben, dann würde die Menschheit einen großen Schritt vorwärts tun. Voraussetzung dafür ist aber, dass das Denken zuvor gesundet.
Ist dein Denken gesund?

30. Mai

Sei vorsichtig im Gebrauch deiner Sprache, denn ein einziges Wort genügt, um einen Menschen völlig zu verändern.
Bist du in deiner Wortwahl vorsichtig?

31. Mai

Die meisten Menschen fürchten sich davor, dass sie ihr Leben verlieren könnten. Der Mensch kann jedoch nie sein Leben verlieren, sondern nur den Kontakt zu seinem irdischen Körper.

Fürchtest du dich vor dem Tod?

1. Juni

So lange sich Familien und Freunde untereinander streiten, werden sich auch die Völker nicht verstehen. Lebe in Frieden mit deinen Mitmenschen.
Ist dein Familienleben friedlich?

2. Juni

Auch die göttlichen Wunder geschehen gesetzmäßig. Darum sind sie niemals unnatürlich, sondern werden nur nicht immer verstanden.
Wunderst du dich noch oder weißt du schon von den universellen Gesetzen?

3. Juni

Es drängt den Menschen, alles zu erforschen. Warum erforscht er nicht die Gesetze der wahren Liebe?
Was erforschst du?

4. Juni

Jede Erscheinung lässt zwei Deutungen zu, eine geistige und eine materielle. Auf die geistige Deutung wird meistens verzichtet, weil sie eine Verantwortung auferlegt und im weiteren Verlauf unausweichbar zu Gott führt.

Deutest du jede Erscheinung auch geistig?

5. Juni

Wenn sich ein Mensch vor dem Sterben fürchtet, so ist das verständlich. Doch wenn er sich vor dem Tod fürchtet, so ist er unwissend und sollte sich bemühen, hierüber mehr zu erfahren. Erst wenn die Angst in volle Zuversicht übergeht, weiß er die Wahrheit.

Hat sich deine Angst vor dem Tod schon in Vertrauen und Zuversicht verwandelt?

6. Juni

Aus einem Streit geht niemals ein Sieger hervor, denn beide haben mehr oder minder große Verluste. Wozu sollte der Mensch dann streiten?

In welchen Bereichen deines Lebens streitest du dich noch? Und mit wem? Auch mit dir?

7. Juni

Wer sich die Mühe macht und Gott entgegen geht, dessen Schritte werden mit der Zeit immer kräftiger und sicherer.

Wie sehen deine Schritte aus?

8. Juni

Jeder Mensch kann sein eigener Messias sein, sein eigener Erlöser. Er braucht nur den Willen dazu haben.

Bist du dein eigener Erlöser?

9. Juni

In materiellen Dingen ist der Mensch oft unersättlich. Warum ist er aber in geistigen Dingen so genügsam?
In welchen Bereichen bist du genügsam?

10. Juni

Leider verlassen sich die meisten Menschen nicht darauf, wie etwas tatsächlich ist, sondern wie man es ihnen erklärt. Große Irrtümer sind meistens durch schöne Worte schmackhaft gemacht worden.
Worauf verlässt du dich?

11. Juni

Engel sind keine Phantasiegestalten. Aber die Phantasie lässt sie so erscheinen.
Wie ist deine Beziehung zu den Engeln, den Boten Gottes?

12. Juni

Das göttliche Licht muss von jeder Seele aus eigener Kraft gesucht und gefunden werden. Wohl stehen dir auf dieser Suche Führer zur Verfügung, die dir den richtigen Weg weisen. Ebenso stehen aber auch Verführer am Wege, die den Weg ins Dunkel weisen. Das Gerechtigkeits- und Wahrheitsgefühl in dir selbst ist der Kompass, dem deine Seele folgen soll. Der höchste Führer und Stellvertreter Gottes für die gesamte irdische und geistige Menschheit dieses Planeten Erde ist und bleibt Christus.

Ermöglichst du es deinen geistigen Führern, dir den richtigen Weg zu weisen?

13. Juni

Die Meisterschaft im Denken zeigt sich darin, mit allen Fehlern und Irrtümern endgültig Schluss zu machen.

Bist du schon Meister deiner Gedanken?

14. Juni

Das geistige Reich ist weder physikalisch noch technisch, darum lässt es sich weder auf die eine noch auf die andere Weise ergründen. Es hat seine eigenen geistigen Gesetze.

Wie stellst du dir das geistige Reich vor?

15. Juni

Der Mensch soll nicht seinen verlorenen Jahren nachtrauern, sondern seinen verlorenen Erkenntnissen, um die er sich nicht genug gekümmert hat. Wer kein Ziel hat, der hat auch keinen Weg.

Wie sehen deine Ziele im Leben aus?

16. Juni

Wer sich ausnutzen lässt, der unterstützt den Widersacher Gottes.

Lässt du dich noch ausnutzen?

17. Juni

Logisches Denken führt zu Gewissensbissen, da die Seele erkennt, in welchen Bereichen sie unlogisch handelt. Aus diesem Grunde weichen die meisten Menschen der Logik aus.

Weichst du noch aus oder stellst du dich schon der göttlichen Logik?

18. Juni

Ein hervorragender Charakter beweist sich in seiner Standhaftigkeit zum Guten. Eigensinn ist keine Standhaftigkeit, sondern ein unlogisches Verhalten.

Wann bist du noch eigensinnig?

19. Juni

Fühle die Geborgenheit und habe das Vertrauen, dass Geistwesen um dich sind.

Hast du dieses Vertrauen?

20. Juni

Du hältst das Steuer, deine Familie sind die Segel und das geistige Reich ist der Wind. So wie deine Familie die Segel setzt, steuere du in den Wind hinein. Und wenn der Wind einmal nicht bläst, so suche ihn und rufe ihn. Setze die Segel und lasse sie immer wieder neu setzen, im Wissen, der Wind wird immer da sein. Ist der Wind einmal zu stark und tritt auf den Wogen des Meeres ein Orkan auf. Besänftige die Wellen. Die Wellen sind die Menschen um dich herum. Ist der Wind zu stark, so lege das Ruder nicht aus der Hand, sondern drehe dich um und besänftige auch den Wind. Bitte darum, langsamer segeln zu können. Und wann immer du in einen Hafen einläufst, so sei dir gewiss, du und deine Familie werdet geführt.

Hast du das Vertrauen in Gott, dass auf deine Familie aufgepasst wird?

21. Juni

Die geistige Fehlentwicklung des Menschen geht so weit, dass Aufregung und Sensation der Harmonie vorgezogen werden. Ständiger Nervenkitzel zerstört die logische Denkfähigkeit.

Müssen deine Nerven noch ständig gekitzelt werden?

22. Juni

Die gesamte Menschheit – ohne Ausnahme – muss sich einmal mit der Tatsache abfinden, dass es zwei Urmächte gibt, nämlich Gott und seinen Widersacher. Beide haben verschiedene Organisationen entwickelt. Die wichtigste Entscheidung, die je ein Mensch treffen kann, ist die Feststellung, zu welcher Organisation er künftig mit seinen Gedanken und Taten gehören möchte.

Hast du dich schon entschieden?

23. Juni

Gott ist nicht dazu da, um die maßlosen Wünsche der Menschen zu erfüllen. Erfülle du erst die bescheidenen Wünsche Gottes. Lebe die Liebe.
Wie sehen deine Wünsche an Gott aus?

24. Juni

Die schönste Tugend der Seele ist das Mitempfinden, nicht das Mitleiden. Wer seinen eigenen Vorteil sucht, verliert diese Tugend.
Wie groß ist deine Fähigkeit des Mitempfindens?

25. Juni

Wer ein wirklicher Meister seines Faches ist, der lässt auch den Lehrling zu Worte kommen.
Wer – oder was in dir – ist dein Lehrling?

26. Juni

Wenn du über einen anderen Menschen urteilst, so bedenke, dass du damit deinen eigenen geistigen Standpunkt bloßlegst. Später urteilt man über dich.

In welchen Bereichen deines Lebens urteilst du noch?

27. Juni

Feinde werden nicht geboren, sondern sie werden dazu gemacht. Auch Freunde werden nicht geboren, sondern man gewinnt sie durch Verständnis.

Hast du wahre Freunde?

28. Juni

Die Demut vor Gott beginnt damit, nicht zu bitten oder zu fordern, sondern zuerst zu geben.

Wie viel gibst du den Menschen von dir?

29. Juni

Wenn du den Ursprung aller Dinge suchst, dann findest du ganz bestimmt auch Gott. *Suchst du nach dem Ursprung?*

30. Juni

Der Erwachsene tadelt oft die Jugend, aber er tadelt nicht die Ursachen, die zum Tadel der Jugend führen. Dann nämlich müsste der Erwachsene getadelt werden. *Was denkst du hierzu?*

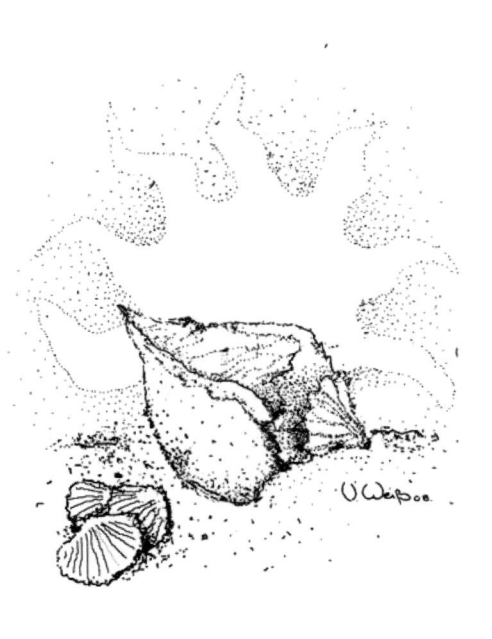

1. Juli

Wichtig ist, die Harmonie in deinen eigenen Gedanken zu bewahren. Und alles, was dort nicht hineingehört, gib an das geistige Reich ab. Wir wandeln dieses dann für dich in positive Energie um. Solltest du schlechte Erfahrungen machen, sei dankbar. Sei froh, dass du sie jetzt gemacht hast und nicht erst viel später.

Kannst du dankbar für schlechte Erfahrungen sein?

2. Juli

Auf die Barmherzigkeit Gottes zur Sündenvergebung hoffen, ist eine Fehlspekulation. Die Gnade Gottes besteht darin, dass Gott den Menschen unendlich viel Zeit dazu lässt, sich zu verbessern, denn der Mensch hat eine unsterbliche Seele.

Was bedeutet für dich Gnade und Barmherzigkeit?

3. Juli

Zwei Dinge sind es, die das Universum ausmachen: Die Vergänglichkeit der Materie und die Unvergänglichkeit des Geistes.
Wie fühlt sich die Unsterblichkeit deiner Seele in dir an?

4. Juli

Bei Auseinandersetzungen wird verbissen darum gekämpft, Sieger zu sein. Wem es aber gelingt, seinen Hass in Liebe umzuwandeln, der ist der wahre Sieger.
Ist es dir schon einmal gelungen, Hass in Liebe umzuwandeln?

5. Juli

Gott ist ein sehr guter Gastgeber.
Was würdest du heute tun, wenn du morgen bei Gott als Gast geladen wärst?

6. Juli

Religionen und Konfessionen, die auf ihren Unterschieden beharren, sind verderblicher als die verschiedenen Rassen und Länder.
In welchen Bereichen deines Lebens beharrst du auf Unterschieden?

7. Juli

Es kostet eine unglaubliche Selbstüberwindung, wenn die Menschheit zugeben muss, dass sie sich seit Jahrtausenden geirrt hat, wenn es um das Wissen über die universalen Gesetze Gottes geht.
Kostet es dich eine große Selbstüberwindung, einen Irrtum zuzugeben?

8. Juli

Die persönliche Meinung ist die Endsumme aller Erfahrungen.
Hast du eine eigene Meinung?

9. Juli

Stehst du vor schweren Entscheidungen, so solltest du in die Ruhe, in die Stille gehen. Höre in dich selbst hinein und treffe dann eine Entscheidung, aber stehe dann auch zu ihr. Und selbst wenn es sich irgendwann herausstellen sollte, dass diese Entscheidung ein Fehler war, dann nehme es so an. Nur dann hast du etwas daraus gelernt.

Wann hast du einmal eine falsche Entscheidung getroffen und was hast du daraus gelernt?

10. Juli

Gott ist nicht nur die Liebe, Gott ist auch die Gerechtigkeit. Jedes Unrecht muss ausgeglichen werden. Dafür steht nicht nur diese Erde da, sondern das ganze diesseitige und jenseitige Universum.

Was bedeutet für dich Gottes Gerechtigkeit?

11. Juli

Geistige Höherentwicklung bedeutet nicht, dass man grundsätzlich auf alle Gewohnheiten und Freuden verzichten muss. Materielles und geistiges Denken muss in einem gesunden Einklang stehen.
Steht es bei dir in Einklang?

12. Juli

Die meisten Menschen machen den Fehler, dass sie andere Rassen und Völker als andere Wesen betrachten, die nicht zur eigenen Gemeinschaft gehören.
Gibt es in deinem Leben noch Grenzen?

13. Juli

Der Körper ist ein feiner Maßanzug der Seele. Man sollte ihn nicht kasteien oder verletzen.
Sitzt er bei dir richtig?

14. Juli

Der Charakter des Menschen kann nicht gebessert werden, wenn er ihn nicht selbst durch seine Seeleneinstellung veredelt. Bloße Intelligenz kann niemals den Charakter ersetzen.
Befindet sich deine seelische Einstellung in einem Veredelungsprozess?

15. Juli

Das Licht Gottes erleuchtet zuerst das Herz und dann den Verstand.
Sind alle Winkel deines Herzens erleuchtet?

16. Juli

Wenn dich die Natur erfreut, dann denke einmal über ihr Mysterium nach.
Hast du schon einmal über das Mysterium der Natur mit Freunden philosophiert?

17. Juli

Gott wissenschaftlich beweisen ist die schönste und menschenwürdigste Aufgabe. Warum weicht die Wissenschaft dieser Arbeit aus?
Wie könnte man in deinen Augen Gott beweisen?

18. Juli

Mäßigkeit im Essen und Trinken und die Meidung der Genussgifte steigern die Aufnahmefähigkeit von Geist und Seele für das höhere Denken und Fühlen.
Wie fühlst du die Aufnahmefähigkeit deines Geistes und deiner Seele?

19. Juli

Die erste Übung in der wahren Religion heißt: Sei höflich gegen deinen Nächsten.
Bist du höflich?

20. Juli

Das Denken und das Bewusstsein sind unsichtbare Lebensprozesse. Darum ist Gott auch für uns ein unsichtbarer Lebensprozess, denn Gott ist das Bewusstsein und das Denken der ganzen Natur.
Fühlst du dein göttliches Bewusstsein?

21. Juli

Wer Recht von Unrecht nicht sicher unterscheiden kann, der entscheide sich lieber zum Verzicht.
Wo fällt es dir schwer, Recht von Unrecht zu unterscheiden?

22. Juli

Alle deine Gedanken sind für das Jenseits ein aufgeschlagenes Buch.
Ist dir dies jederzeit bewusst?

23. Juli

Wahre Liebe ist Hingabe und keine Besitzergreifung. Verwechsle Hingabe jedoch nicht mit Sklaverei.
Hast du diese Aspekte schon einmal verwechselt? Wie fühlte sich dies an?

24. Juli

Das Dienen an der Menschheit ist deshalb so schwierig, weil man leicht zum Diener der vielen Vorschriften wird.
Lässt du dich durch die vielen Vorschriften vom Dienen abhalten?

25. Juli

Alle Menschen sind Geschöpfe Gottes, darum unterstehen sie dem Gesetz der Liebe und der Harmonie. Wo dieses Gesetz verletzt wird, verfeinden sich die Menschen.
Sind alle Teile in dir in Harmonie?

26. Juli

Es genügt nicht, dass man hohe Erkenntnisse nur liest, man muss sich auch nach ihnen richten und sie in das eigene Leben einbeziehen.
Beziehst du deine Erkenntnisse in dein Leben mit ein?

27. Juli

Lass einfach mal alle Fünfe gerade sein. Es gibt auf der Erde keinen Perfektionismus.
Worin willst du perfekt sein?

28. Juli

Es ist nicht so wichtig, was die Mitmenschen von dir halten. Viel wichtiger ist es, was du von deinen Mitmenschen hältst.
Was hältst du von deinen Mitmenschen?

29. Juli

Selbst wenn alle Staatsoberhäupter den Frieden befehlen würden, es würde kein Frieden daraus entstehen. Nächstenliebe und Verständnis sind nicht zu befehlen. Beides sind Reifeprozesse und müssen heranwachsen.

Liebst du deinen Nächsten? Hast du für ihn Verständnis?

30. Juli

Alle, die sich dem Erreichen des Weltfriedens zuwenden, sollten zuerst den Frieden in sich selbst und in der Familie finden, andernfalls können sie keinen Frieden auf sicherem Fundament bauen. Streitbare Menschen errichten Luftschlösser.

Wie sieht dein Fundament aus?

31. Juli

Sehr viele Menschen denken zu oberflächlich. Sie urteilen blitzschnell über etwas,
wozu eigentlich ein längeres Studium nötig
wäre. Darum hat es die göttliche Wahrheit
so schwer, sich auf der Erde durchzusetzen.
*Bleibst du mit deinem Denken nur an der
Oberfläche oder tauchst du tiefer?*

1. August

Der, der Geduld hat, wird immer siegen.
Bist du geduldig?

2. August

Segne du deinen Lebensweg durch Aufrichtigkeit und Eingeständnis, dass du ohne Gott verloren wärst und stelle dir immer wieder folgende Frage:
Bin ich ein wahrhaftiges Menschenwesen?

3. August

Gehe selbstbewusst mit dir um und sage: „Ja, hier bin ich! Ich bin ein Teil des Göttlichen. Ich bin ich." Verinnerliche dieses und wisse, dass du ein großer Teil der göttlichen Energie bist. Setze damit ein positives Zeichen deines eigenen Ichs.
Erkennst du, dass du ein Teil der göttlichen Energie bist?

4. August

Wann beginnt ein Mensch tatsächlich zu leben? Nicht von dem Moment seiner Inkarnation an. Er beginnt dann zu leben, wenn er sich selbst gefunden hat, wenn er zu sich selbst steht und wenn er mit allem und jedem in seinem Umfeld, in dem gesamten göttlichen Plan, eins ist. Er beginnt dann wirklich in seinem Inneren zu leben, wenn er sagen kann: Ich liebe das Leben, denn ich habe es mir so gewählt.

Kannst du dies zu deinem Leben sagen?

5. August

Die Lehre von der Reinkarnation ist viel wichtiger, als jedes Wissen von der Existenz geistiger Wesenheiten. In der Reinkarnationslehre ist das Wissen von der Unsterblichkeit der Seele enthalten.

Fühlst du dich unsterblich?

6. August

Die Menschen denken zuviel. Wenn du dir um Kleinigkeiten Gedanken machst, die es nicht wert sind, dann ist dies Gedankenmüll.

In welchen Bereichen deines Lebens produzierst du Gedankenmüll?

7. August

Jeder menschlichen Seele ist es möglich, mit den von Gott gegebenen Mitteln das Höchstmögliche und damit den Frieden zu erreichen.

Was sind deine Gaben, was sind die Mittel, die dir von Gott gegeben wurden?

8. August

Eine Enttäuschung ist das Ende einer Täuschung.

Worin wurdest du schon getäuscht?

9. August

Sei ein heiteres Kind Gottes. Es ist leicht gesagt, mögest du denken. Aber es ist leider so, dass der Mensch sich zu schnell unterkriegen lässt. Darum sage ich dir, du stehst ja nicht allein da und du willst doch mithelfen, ein neues, besseres Weltbild zu schaffen, oder etwa nicht?

Bist du ein heiteres Kind Gottes?

10. August

Wer sich mit Kleinigkeiten des alltäglichen Seins aufhält, sich Gedanken um Dinge macht, die überhaupt nicht wichtig sind, der blockiert sein Leben und die Zusammenarbeit zwischen dem geistigen Reich und seiner eigenen Seele.

Mit welchen Kleinigkeiten hältst du dich noch auf?

11. August

Der Mensch hat die Fähigkeit, seine Gedanken annähernd auf die Schwingungszahl der göttlichen Kraft zu bringen, jedoch macht er kaum Gebrauch davon. Es wäre die göttliche Pflicht jedes einzelnen Menschen.
Machst du davon Gebrauch?

12. August

Wenn du den Tag beginnst und wenn du des Abends in den Schlaf gehst, bitte um geistigen Schutz. Und danke auch regelmäßig für den Schutz des Tages. Finde des Abends vor dem Schlafengehen Zeit, um über den Tag nachzudenken.
Was hat der Tag dir an positiven Erlebnissen gebracht? Zu welchen weiteren Erkenntnissen könnte es noch führen?

13. August

Genieße einfach dein Leben. Sei glücklich über das, was du hast! Und sei mit dem zufrieden, wie du es hast.
Bist du glücklich?

14. August

Helfe anderen Menschen, dann können wir Geistwesen dir helfen.
Hilfst du anderen Menschen?

15. August

Alle Paragraphen und Gesetze, die sich zustimmend mit der Gewalt befassen, sind gegen die Menschen und somit gegen Gott gerichtet.
In welchen Bereichen deines Lebens gibt es Gewalt?

16. August

Versuche immer wieder deine Seele aufleben zu lassen. Gib ihr die Möglichkeit, sich im Körper voll zu entfalten. Sie wächst dann über deinen eigentlichen Körper hinaus. Scheue dich nicht, Fröhlichkeit auszuleben. Aber zeige auch mal eine Traurigkeit, sage dann aber, warum du traurig bist. Denn Traurigkeit ist ein Signal der Seele, um zu zeigen, hier im Inneren zwischen Geist und Seele stimmt etwas nicht. Suche immer wieder Gesprächspartner und wenn du gar nicht zu Recht kommst, suche die Verbindung zu uns, zu mir.
Lässt du deine Seele aufleben?

17. August

Stelle dir regelmäßig folgende Fragen, damit deine Seele wachsen kann:
Was erwarte ich vom Leben? Was möchte das Leben von mir?

18. August

Und wenn Menschen in dein Leben kommen, die dir nicht angenehm sind, so hinterfrage deine eigenen Gefühle. Suche nach der Ursache zunächst in dir.

Welche Bedeutung hat dieses Zusammentreffen? Was kann ich daraus lernen? Wie kann ich es lernen?

19. August

Trachte danach, dich so auszudrücken, dass schlechte und widersinnige Bezeichnungen dabei unausgesprochen bleiben. Du glaubst nicht, wie sehr dir das vorwärts hilft! Es dauert noch lange Zeit im Jenseits, selbst in hohen Sphären, ehe diese Redewendungen abgelegt sind und du dich frei entfalten kannst.

Wann sprichst du noch unachtsam?

20. August

Der Mensch ist dazu geboren und hat dafür inkarniert, um den Austausch der Gedanken und Gefühle zu tätigen. Jede Begegnung mit einem Menschen, den du irgendwann und irgendwo einmal triffst, hat einen Sinn. *Erkennst du den Sinn?*

21. August

Gott war im selben Augenblick überall. Eine Blitzgeburt, wie man so sagen kann. Er wurde sich bewusst. *Wirst du dir immer bewusster?*

22. August

Die Existenz Gottes kann nur durch das Gefühl des Herzens begriffen werden. *Hat dein Herz die Existenz Gottes erkannt?*

23. *August*

Die psychosomatische Einheit zwischen Körper und Seele hat zur Folge, dass eine Vergiftung des Blutes auch eine Vergiftung der Seele verursacht, und andersherum. Auf diese Weise leidet der Verstand.
Erkennst du Bereiche deines Lebens, die noch vergiftet sind?

24. *August*

In der Demut liegt der Mut darin, seine Seele zu sehen und zu lernen, den negativen Egoismus zu beseitigen oder umzuwandeln. Das ist auch eine Form von Mut.
Bist du mutig in deiner Demut?

25. *August*

Mit einem schnellen Urteil wischt der Mensch alles Unangenehme weg.
Wo möchtest du etwas wegwischen?

26. August

Gott möchte stets gebeten werden. Doch was deine Gebete betrifft, so überlasse ihm die Entscheidung, welche er ausführen möchte. Er kennt deine Wünsche besser.
Fühlst du tief in dir, dass Gott dich besser kennt als du dich selbst?

27. August

Gib deinen Mitmenschen Erleuchtung, aber nur so viel, dass sie nicht davon geblendet werden.
Wie könntest du deine Mitmenschen erleuchten?

28. August

Es dürfte nur einen Glauben geben, nur eine Konfession, nur eine Religion, denn es gibt nur eine gültige Wahrheit.
Erkennst du die Weisheit dieser Aussage?

29. August

Als Gott, der große Planer, die Welten schuf, hatte er einen tüchtigen und hochintelligenten Mitarbeiter, einen seiner stärksten Engel zur Seite. Aber dann geschah ein Unrecht. Dieser Engel wurde eigensinnig und richtete sich gegen den großen Plan. Das war das erste Zerwürfnis zwischen Gott und Luzifer. Nun hätte der Engel sein Unrecht einsehen müssen. Er tat es auch, aber leider war er zu eigensinnig, dieses Unrecht zuzugeben. Er entschuldigte sich nicht, sondern sagte Gott den Kampf an. Da Gott darauf nicht reagierte, steigerte der gefallene Engel seine Kampfabsichten. Der Hass nahm zu, weil er sich nicht entschuldigen wollte, denn er fühlte sich im Recht.

Ihr seht, dass von einem einzigen Wort, einem einzigen wahren ,Entschuldigung' die ganze Existenz des Universums abhing. *Wann hast du dich das letzte Mal entschuldigt für etwas, wo du im Unrecht warst?*

30. August

Wer ein Leid trägt, teilt etwas mit dem Schicksal von Jesus Christus.
Trägst du dein Leid, ohne Mitleid erhaschen zu wollen?

31. August

Der Glaube ist das Vertrauen auf die Existenz Gottes. Doch dieses Vertrauen darf kein blindes Vertrauen sein.
Wie stark ist dein Glaube?

1. September

Echte Meditation ist ein tieferes Nachdenken über die eigenen Probleme.
Denkst du tief genug über dich nach?

2. September

Wenn du dich für die weltweite Gerechtigkeit einsetzen willst, dann fange bei dir selbst an.
Bist du gerecht?

3. September

Wer einen falschen Weg verfolgt hat, scheut sich vor einer Umkehr, weil er die Länge seiner zurückgelegten Wegstrecke kennt.
Kannst du diesen Gedanken nachempfinden? Scheust du dich generell vor einer Umkehr?

4. September

Die Disharmonie ist ein gefährlicher Zustand, der an dich herangetragen wird. Darum überlege, wie du ihm ausweichen kannst.

Erkennst du disharmonische Energien, wenn sie auf dich einströmen?

5. September

Ein wahrer Freund zeigt sich, wenn er danach strebt, dich zufrieden zu sehen.

Wer in deinem Leben möchte dich zufrieden sehen?

6. September

Bedenke, dass die Blumen vor allem für die Lebenden da sind und nicht nur für die Toten.

Wann hast du das letzte Mal eine Blume bewundert?

7. September

Es ist nicht entscheidend, ob du in Jesus Christus den Gottessohn siehst. Viel entscheidender ist die Bedeutung, dass du ihn als göttlichen Lehrer siehst.
Wie siehst du Jesus Christus?

8. September

Der Mensch kann positiv und negativ denken. Jedes Mal setzt er damit den Kosmos in Bewegung. Jeder Gedanke prägt sich als Licht, Farbe, Form sowie auch Bewegung in den Kosmos ein. Dort hat der Gedanke seine unvorstellbare Existenz, bis er durch die höchste Erkenntnis in reines Licht verwandelt wird.
Welches Licht, welche Farbe, welche Form und welche Bewegung haben deine Gedanken?

9. September

Wer nicht an die Macht des Gebetes glaubt, der glaubt auch nicht an die großartige Macht der Liebe.

Glaubst du daran?

10. September

Ein Wort kann bei 1.000 Menschen 1.000 unterschiedliche Vorstellungen auslösen.

Welche Vorstellung löst das Wort ‚Freude' bei dir aus?

11. September

Die Gewaltanwendung gegen das Leben ist ein eindeutiger Beweis der menschlichen Rückständigkeit.

Wo übst du noch Gewalt aus?

12. September

Eifere Gott nach und verlasse dich auf die in dir wohnenden göttlichen Kräfte. Gott hatte nicht einen einzigen Lehrer zur Verfügung, der ihn hätte beraten und belehren können. Er war auf sich selbst gestellt. Er war ein Selbstlerner, dem nur die eigenen Erfahrungen zur Verfügung standen. Er lernte sehr schnell, weil er nicht negativ denken konnte. Darum sei auch du ein Autodidakt im göttlichen Suchen und Denken. Gott selbst beweist dir, was du noch werden kannst, wenn du das Gute willst und nicht oberflächlich und negativ denkst. Sobald du aber an der Unsterblichkeit deiner Seele zweifelst, denkst du bereits negativ und gehst zurück.

Zweifelst du noch? Wenn ja, wie sehen deine Zweifel aus?

13. September

Habe den Mut, deine wahren Gefühle und Gedanken zu äußern, aufzublühen wie eine Sonnenblume, dich zu entfalten wie eine Rose und stehe gerade in der Vielfältigkeit des Blätterwerks eines Baumes. Wenn dies alles miteinander harmonisiert, dann beginnst der Mensch, dann beginnst du zu leben.

Blühst du auf wie eine Blume? Lebst du?

14. September

Je umfangreicher der Wortschatz, desto umfangreicher wird auch das Denken.

Wie umfangreich ist dein Denken?

15. September

Betrachten wir die Natur, so lernen wir von ihr, dass sie ein Vorbild an Geduld ist.

Bist du in deinem Leben geduldig?

16. September

An der Überstürzung erkennen wir den Gegner der göttlichen Schöpfung. Darum lasse dir immer ausreichend Zeit.
Lässt du dir Zeit?

17. September

Die Seele sollte sich frei fühlen, damit das göttliche ‚Ich Bin' in der Seele auch wirken kann und lerne dann, auf die innere Stimme deiner Seele zu hören.
Fühlst du dich frei?

18. September

Wer geistig emporsteigen möchte, muss sich erst gegen Spott und Hänseleien immun machen und sich damit abfinden, einen unterschiedlichen Weg zu gehen als andere Menschen.
Bist du immun dagegen?

19. September

Es ist besser, ein kleiner, armer Arbeiter im positiven Weltenplan zu sein, als ein großer, reicher Fürst im Dienst des Ungeistes.
Bist du stolz darauf, ein kleiner Arbeiter zu sein?

20. September

Gleiches zieht das Gleiche an. Das ist Gottes Gesetz.
Was ziehst du in dein Leben?

21. September

Wer sich vor dem Tod fürchtet, lebt in einer Welt der Lüge. Der Tod ist ein Naturvorgang, der nur deinen Körper betrifft, nicht aber deine Seele. Die Seele ist unsterblich.
In welcher Welt lebst du? In der Welt der Liebe oder Lüge?

22. September

Gott hat die Menschheit dazu erschaffen, um sein großes Schöpfungswerk fortzusetzen und die Welt so zu gestalten, wie es sich Gott in seinem Plan vorgestellt hat.
Wie gestaltest du deine Pläne?

23. September

Gott verlangt von dir, dass du wichtige Entscheidungen ohne ihn triffst, das heißt, dass du dein Leben selbst in die Hand nehmen sollst. Aber vergiss seinen Namen dabei nicht.
Nimmst du dein Leben in die Hand?

24. September

Korrektheit im täglichen Leben ist die erste Voraussetzung für den Weg der Erlösung.
Bist du immer korrekt?

25. September

Ohne das Wissen über die Reinkarnation ist die göttliche Schöpfung nicht zu begreifen.
Glaubst du an die Reinkarnation und weißt du um ihre ewigen Gesetze?

26. September

Auch die geistige Nahrung will schmackhaft angerichtet sein. Vor allem darf sie nicht einseitig sein.
Wie sieht deine geistige Nahrung aus?

27. September

Wahre Erkenntnis kennt keine Theorien, sondern verlässt sich auf die Selbsterfahrung und auf eine verlässliche Praxis.
Übst du dich in Selbsterfahrung?

28. September

Das Bewusstsein des Menschen ist keine Widerspiegelung der Materie, sondern eine Wahrnehmung der göttlichen Schöpfung.
Erkennst du die Schöpfung?

29. September

Dogmen richten sich gegen den freien Willen des Menschen, darum werden sie vom geistigen Reich nicht anerkannt.
Erkennst du noch Dogmen an?

30. September

Nimm dir täglich fünf Minuten Zeit und denke über die Schöpfung nach.
Wie fühlst du dich dabei?

1. Oktober

Was heißt Friede? Es heißt Geborgenheit. Darum ist Friede ein Geschenk Gottes für alle, die ihn suchen und an ihn glauben.
Was ist Friede für dich?

2. Oktober

Wer seinen Bruder oder seinen Freund verleugnet, der verleugnet in gleicher Weise Gott.
Hast du schon einmal einen Freund verleugnet?

3. Oktober

Alle Sterne und Planeten im Universum gehören Gott und nicht den Menschen. Der Mensch hat das Gastrecht.
Fühlst du dich als Gast auf der Erde?

4. Oktober

Selbstbeobachtung ist die unerlässliche Voraussetzung für eine geistige Entwicklung.
Beobachtest du dich regelmäßig?

5. Oktober

Wenn du Gott ein Opfer darbringen möchtest, so opfere ihm deinen Alltag und habe einmal Zeit, über ihn vernünftig nachzudenken.
Bist du bereit, ihm deinen Alltag zu opfern?

6. Oktober

Wahre Religion gehört nicht auf den Marktplatz, sondern in die stillen Stunden absoluter Aufgeschlossenheit, fern von aller Betriebsamkeit.
Gehst du regelmäßig in die Stille?

7. Oktober

Die Geduld führt zum Gleichklang mit der
Harmonie des Alls.
Wie klingt deine Seele?

8. Oktober

Um in dein Seelenheil zu kommen, ist es
wichtig, dein Leben so anzunehmen, wie es
ist. Dann entwickle in dir eine Zufriedenheit. Sehe dann deine eigene Seele und die
Selbstliebe, die vorhanden ist, und vergrö-
ßere sie. Und schließlich ist es wichtig, zu
dem Leben, das du gerade lebst, ja zu sagen.
Sagst du ja zu deinem Leben?

9. Oktober

Hohe Weisheit fordert von dir die schwere
Tugend der Gelassenheit und Güte.
Bist du gelassen und gütig?

10. Oktober

Kein anderer kann für dich den Berg erklettern, der zu Gott führt. Du musst dabei deine Bürde selbst tragen. Bist du oben angekommen, wirst du von deiner Bürde erlöst.
Fühlst du dich bei dem Anstieg vom geistigen Reich begleitet?

11. Oktober

In der irdischen Welt ist es nicht möglich, ausschließlich reinen Wortes und reinen Gedankens zu sein. Negative Gedanken kommen vor, aber du solltest dich nicht auf diesen unguten Gedanken ausruhen, denn damit fällt die negative Energie immer wieder auf dich zurück.
Wie erlebst du die energetischen Schwingungen deiner Gedanken?

12. Oktober

Wenn dir deine Religion nicht in allen Le-
benslagen hilft, so ist mit dieser Religion
etwas nicht in Ordnung.
Hilft dir deine Religion immer?

13. Oktober

Es sind nicht die auferlegten Pflichten, die
dich weiterbringen, sondern die Pflichten,
die du selbst als solche erkennst.
Welche Pflichten erkennst du?

14. Oktober

Du kannst nicht das Beste erreichen, wenn
du nicht den bitteren Becher der Erfahrung
mutig bis auf den letzten Tropfen leerst.
*Willst du das Beste erreichen, was dir mög-
lich ist?*

15. Oktober

Die Existenz Gottes lässt sich in einem Satz ausdrücken, doch es müssen leider viele 1.000 Bücher darüber geschrieben werden.
Wie würdest du die Existenz Gottes in einem Satz ausdrücken?

16. Oktober

Es leben in der heutigen Zeit der Offenbarung grundsätzlich die Wölfe neben den Schafen.
Erkennst du die Wölfe?

17. Oktober

Der Gottglaube ist wie eine Medizin, er heilt. Aber eine Medizin muss richtig dosiert werden.
Wie hoch ist deine Dosis?

18. Oktober

Viele Menschen sagen, wenn es um die göttliche Wahrheit geht: „Das ist mir zu hoch, um es zu begreifen." Warum sagen sie nicht: „Ich möchte mich bemühen, das Höhere zu begreifen."
Bemühst du dich?

19. Oktober

Jeder auf Erden lebende Mensch muss sich seiner hohen Aufgabe bewusst werden. Jener Aufgabe, nach dem Plane Gottes seine Schöpfung hier auf Erden zu fördern und dem Ziel höchster Entwicklung auf allen Gebieten näher zu kommen.
Bist du dir dieser hohen Aufgabe bewusst?

20. Oktober

Gott kümmert sich um den, der ihn sucht.
Suchst du ihn?

21. Oktober

Wäre die Offenbarung Gottes abgeschlossen, so wäre es unmöglich, die Menschheit noch weiter zu belehren.
Was denkst du hierüber?

22. Oktober

Wenn der Mensch auf Erden eine Gotteserkenntnis gewonnen hat, so gibt es nichts mehr, was er im Leben versäumt haben könnte.
Wie ist deine Erkenntnis?

23. Oktober

Solange die Erdenmenschheit den großen Geist Gottes nicht richtig erfasst, wird es keinen wahrhaftigen Frieden geben.
Hast du schon einmal einen Hauch von Gottes Geist erfasst? Wie fühlt sich dieser Geist an?

24. Oktober

Die größte Gabe Gottes an die Menschen besteht in der Freiheit der Gedanken. Doch darin liegt auch die größte Gefahr des Missbrauchs.

Fühlst du diese Freiheit?

25. Oktober

Zur wahren Kunst gehört mehr Gewissen als Talent.

Was ist für dich wahre Kunst?

26. Oktober

Die Liebe kennt keinen Kompromiss, sie ist absolut in ihrer göttlichen Form. Jede Entfernung von der Liebe ist eine Entfernung von Gott.

Wie weit ist an schwierigen Tagen deine Entfernung von der Liebe?

27. Oktober

Du solltest täglich üben, an einem gesunden und positiven Leben Freude zu empfinden.
Hast du Freude an deinem Leben?

28. Oktober

Der Sündenfall der Menschheit hat sich nicht nur einmal vollzogen, sondern er vollzieht sich täglich.
Erkennst du ihn?

29. Oktober

Reichtum ist keine Bevorzugung Gottes, sondern eine Prüfung, denn Gott bevorzugt überhaupt keinen Menschen. Im geistigen Reich ist irdischer Reichtum kein Maßstab für den Wert eines Menschen.
Fühlst du dich reich?

30. Oktober

Es ist eine überaus weise Einrichtung, dass wir nicht das geistige Reich oder Teile davon wahrnehmen können.
Erkennst du darin die göttliche Weitsicht?

31. Oktober

Eine gute Meditation besteht darin, eingehender über die Schöpfung nachzudenken.
Denkst du regelmäßig über Gottes Schöpfung nach?

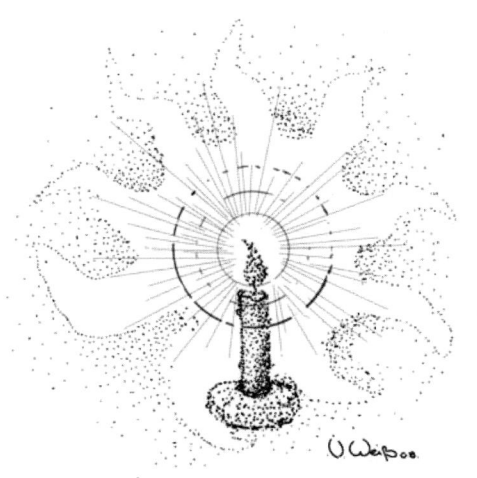

1. November

Der Aufbau des Universums lehrt uns, dass es immer einen Kern gibt, um den sich alles bewegt. Für die Menschheit ist Gott dieser Kern.

Um welchen Kern bewegst du dich?

2. November

Das Geld auf dieser Welt gehört ohne Ausnahme in die Organisation der göttlichen Schöpfung.

Erkennst du im Geld den göttlichen Aspekt?

3. November

Für jeden Menschen besteht die heilige Pflicht darin, sich für das Gelingen des göttlichen Planes voll einzusetzen.

Erkennst du in deinem Leben den göttlichen Plan?

4. November

Gott kann für seine Ziele im ganzen Universum auch die geringste menschliche Leistung gebrauchen.
Erkennst du deine Leistungen an?

5. November

Hast du schon einmal darüber nachgedacht, dass jeder Zweifel Unwissenheit ist? Wenn du das Unwissen beseitigst, so hört auch das Zweifeln auf.
Wann zweifelst du noch?

6. November

Wenn es kein Leiden gäbe, würde sich kein Mensch mehr um seinen Nächsten kümmern. Das Leiden ist eine harte Schulung zur Nächstenliebe.
Was denkst du hierüber?

7. November

Je höher sich ein Mensch geistig entwickelt, umso geringer werden seine persönlichen Wünsche.
Welche Wünsche hast du?

8. November

Ein Student kann nicht sofort die ganze Wissenschaft begreifen. Ein spirituell interessierter Mensch kann deshalb auch nicht gleich die ganze Grenzwissenschaft begreifen. Er muss sie auch von Semester zu Semester studieren.
In welchem Semester befindest du dich?

9. November

Die Liebe ist der beste Zauberstab, den es im ganzen Universum gibt.
Hältst du deinen Zauberstab in Händen?

10. November

Wer sich der Verantwortung entzieht, entfernt sich von Gott und beraubt sich somit seiner Seligkeit.
Übernimmst du die Verantwortung für dich selbst?

11. November

Die Gewissheit des ewigen Lebens und der Reinkarnation ist die stärkste Gesundheitsquelle, die es gibt.
Hast du schon von dieser Quelle getrunken?

12. November

Wenn der Mensch begreift, dass er das höchste und entwicklungsfähigste Wesen im ganzen Universum ist, so muss er auch begreifen, dass er Träger der höchsten Ordnung und Verpflichtung ist.
Begreifst du diesen umfassenden Gedanken?

13. November

Lasst uns immer wieder daran denken, dass wir alle Instrumente eines erhabenen, mächtigen Zweckes sind.
Möchtest du diesen mächtigen Zweck erkennen?

14. November

In der heutigen Zeit findet der Mensch leider keine Zeit mehr zum ruhigen Nachdenken. Der Mensch lebt in einer gefährlichen Hast, die ihn zugrunde richten wird. Lasse du das nicht zu.
Bist du oft in einer Hast?

15. November

Wir Geistwesen führen euch immer, soweit ihr euch führen lasst.
Lässt du dich führen?

16. November

Dein Gewissen erinnert dich an die Existenz des wahrhaftigen Gottes.
Macht sich dein Gewissen bemerkbar?

17. November

Wenn dich Existenzängste überfallen, dann versuche, diese Ängste mit uns zu teilen. Wir tragen den Teil, den du nicht tragen kannst. Spielen diese Existenzängste eine tatsächliche Rolle in deinem Leben oder sind sie durch dein Umfeld heraus auf dich eingestürmt?
Wie fühlen sich diese Ängste an?

18. November

Egal, welchen Weg der Erkenntnis du gehst, am Ende führen alle Wege zusammen.
Welchen Weg gehst du?

19. November

Es gibt nur den einen Gott, aber er kann viele Namen haben. Du kannst auch zu Gott Allah sagen, und es ist trotzdem ein- und dieselbe Energie. Aber am allerwichtigsten für die Seelen ist es, folgendes zu erkennen: Gott ist Liebe. Und Gott liebt die Seelen, die er erschaffen hat.

Fühlst du dich von Gott geliebt?

20. November

Ihr wollt alle Frieden und seid gegen den Krieg, wisst aber nicht, wie ihr ihn verhindern wollt. Dies ist aber ganz einfach. Wenn in einer Familie, in einer Partnerschaft oder in einer Freundschaft ein dauerhafter Frieden herrscht, dann ist ein großer Krieg gewonnen.

Herrscht bei dir Zuhause dauerhafter Frieden?

21. November

Oft sind die Seele und der Geist in die Höhen der Weiterentwicklung ausgerichtet. Wichtig ist aber auch, die Energie im gleichen Umfang der Bodenhaftung, der Verwurzelung mit diesem Planeten zukommen zu lassen. Das heißt, sich auch mit der Verwurzelung der Seele im eigenen Körper auseinanderzusetzen.

Bist du im Boden verwurzelt?

22. November

Nicht jeder Mensch kann immer sofort sein Gefühl mit seinem Kopf vereinbaren. Manchmal ist das viele Denken im Weg. Aber wichtig ist, dass du dir immer wieder die Fragen stellst: Was sagt mir mein Gefühl? Was möchte ich wirklich tun?

Wie fühlst du dich, wenn du dir täglich diese Fragen stellst?

23. November

Verliere nicht den Glauben an dein eigenes Ich, dann geschieht dir nichts und es wird alles gut.

Glaubst du an dein eigenes Ich?

24. November

Traust du dich, die Dinge zu tun, die sich deine Seele sich wünscht und die auch für deine Inkarnation vorbereitet sind? Es ist wichtig, der eigenen Seele und den eigenen Impulsen zuzuhören.

Hörst du zu?

25. November

Die oberste Frage sollte für jeden Menschen lauten: Warum bin ich hier auf dieser Welt? Jetzt frage ich dich:

Warum bist du auf dieser Welt?

26. November

Nur wer das Gesetz der Liebe erfüllt, ist zu besonderen positiven Leistungen fähig.
Zu welchen Leistungen bist du fähig?

27. November

Denke daran, dass du immer nur für dich alleine lernst, nicht für irgendjemand anderen. Es ist dein Leben, deine Zukunft. Du hast alles allein in der Hand.
Ist deine Hand mit deinem Leben gefüllt?

28. November

Der Delphin ist ein Freund des Menschen. Da der Delphin höher entwickelt ist als der Mensch, möchte er Frieden bringen.
Möchtest du auch den Frieden in der Welt vergrößern?

29. November

Denke immer daran, dass dein eigener Tempel, in dem du beten kannst, in dir ist.
Hast du den richtigen Platz in deinem inneren Tempel gefunden?

30. November

Der gegenwärtige negative Zustand in der Welt beruht auf der Übersteigerung der Gier, irdische Dinge zu erwerben.
Bist du noch gierig?

1. Dezember

Täglich setzt sich in einer irdischen Inkarnation dicker Staub auf die Seele, deshalb müsste sie auch täglich gereinigt werden.
Reinigst du deine Seele?

2. Dezember

Der Geiz oder die Engherzigkeit stellen gefährliche Übel dar, die unbedingt überwunden werden sollten, wenn ein geistiger Aufstieg der Seele erreicht werden soll.
Wo fühlst du noch eine Enge deines Herzens?

3. Dezember

Höhere Erkenntnisse können keinen Menschen ändern, aber sie können ihm begreiflich machen, wie er sich ändern kann.
Hast du schon begriffen, wie du dich ändern kannst?

4. Dezember

Die Kosmetik für die Seele besteht aus Moral und Göttlichkeit.
Benutzt du diese seelische Kosmetik?

5. Dezember

Es ist zu einfältig anzunehmen, dass Gott uns durch sensationelle Zauberkunststücke belehren wird. Seine Belehrung liegt in den kleinen und einfachen Dingen.
Erkennst du diese Belehrung?

6. Dezember

Es kommt nicht darauf an, welchen Glauben du angenommen hast, sondern in welcher Weise du bemüht bist, dich in die menschliche Gemeinschaft einzufügen.
Fügst du dich in diese Gemeinschaft ein?

7. Dezember

Gott hilft den Menschen durch seine geistigen Helfer, aber die Geistwesen sollten auch Gelegenheit für diese Hilfe bekommen.
Gibst du deiner geistigen Begleitung diese Gelegenheit der Hilfe?

8. Dezember

Der Verstand muss stets über den Willen gesetzt werden. Es kommt nicht darauf an, was wir wollen, sondern was vernünftig ist.
Bist du vernünftig?

9. Dezember

Auch die Nächstenliebe gehört zu den menschlichen Pflichten.
Übst du diese Liebe deinem Nächsten gegenüber aus?

10. Dezember

Die göttliche Liebe ist der Menschheit noch fast unbekannt. Es handelt sich um das höchste Verantwortungsgefühl zu einem anderen Menschen oder zur gesamten Menschheit.
Wie sieht dein Verantwortungsgefühl aus?

11. Dezember

Wer mit Gott hadert, der spielt mit einem Bumerang.
Hast du diesen Bumerang schon irgendwann einmal geworfen?

12. Dezember

Das wichtigste Gebet lautet: „Gott, gib mir bitte das Wissen, die Ausdauer und den Verstand, dich richtig zu begreifen, damit ich dich über alles lieben kann."
Wie betest du?

13. Dezember

Gott hält den Menschen so lange einen Spiegel vor das Gesicht, bis jeder Mensch in der Lage ist, sich selbst darin zu erkennen.
Erkennst du dich?

14. Dezember

Die Freude an der Wahrheit ist mit keiner anderen Sinneswahrnehmung zu vergleichen. Die Freude an der Wahrheit führt zur absoluten Zufriedenheit.
Freust du dich an der Wahrheit? Bist du zufrieden?

15. Dezember

Ein Gottglaube ist erst dann ein Glaube, wenn er furchtlos und aufrichtig vertreten wird.
Vertrittst du deinen Glauben an Gott furchtlos und aufrichtig?

16. Dezember

Man fragt sich heute: Wie kommt man schnell zu Geld, um besser leben zu können? Ist es nicht vernünftiger zu fragen: Wie kommt man ohne Geld zu einem besseren Leben? Die Lösung liegt in der Erkenntnis des absoluten Wissens.
Wie weit sind deine Erkenntnisse gediehen?

17. Dezember

Das Buch des Lebens ist ein kosmischer Bereich. Bei jeder Reinkarnation gibt es eine neue Frequenz.
Auf welcher Frequenz lebst du?

18. Dezember

Die Menschheit ist nicht ein Teil dieser Welt, sondern ein Teil des Universums.
Fühlst du dich als ein Kind des Universums?

19. Dezember

Das Paradies ist ein Empfinden, eine hohe Entwicklungsstufe erreicht zu haben. Für die Entwicklung des Menschen gibt es keine Endstufe. Selbst für Gott gibt es keine Endstufe. Er entwickelt sich in jeder Sekunde weiter.

Fühlst du dich schon als Teil des Paradieses?

20. Dezember

Wenn ich Gott suche, dann muss ich meinen Horizont öffnen und in alle Richtungen blicken und auch in alle Religionen hineinschauen. Und auch in alle Länder hineinschauen und alles miteinander vergleichen. Gott hat überall einen Teil von sich hinterlegt. In jedem Menschen.

Hast du schon den Teil von Gott gefunden, der in dir verborgen liegt?

21. Dezember

Wer sein Auto durch Abnutzung oder Unfall verliert, der schafft sich ein neues an. Eine Seele, die ihren Körper verliert, schafft sich einen neuen Körper an. Diesen Vorgang nennt man Reinkarnation.
Fühlst du dich als Fleisch gewordene Seele?

22. Dezember

Du musst loslassen lernen und dich auf das Wesentliche konzentrieren. Immer wieder loslassen, sonst nichts.
Wie geht es dir mit dem Thema des Loslassens?

23. Dezember

Vorurteile sind Barrikaden, die den Weg zur Wahrheit versperren.
Hast du deine Barrikaden schon aus dem Weg geräumt?

24. Dezember

Jesus Christus erlöste die Menschheit nicht durch seinen Tod, sondern durch die Berichtigung der falschen Überlieferungen im Alten Testament. Er erlöste die gefangenen Seelen in den dunklen Sphären. Er organisierte die geistige Welt, die jedem Erdenmenschen zur Verfügung steht. Er stellte jedem Menschen einen oder mehrere Schutzpatrone an die Seite. Er erlöste durch seine unermüdliche Hilfeleistung und er erlöst noch immer durch seine Fürsprache.
Fühlst du dich von Jesus Christus geliebt?

25. Dezember

Wenn du nicht weiter weißt, dann stelle dir immer die Frage:
„Was würde Jesus Christus an meiner Stelle tun?"

26. Dezember

Der Christus in Jesus war die Botschaft an die Menschheit!
Ist diese Botschaft in deiner Seele angekommen?

27. Dezember

Wenn du Jesus Christus sieben Fragen stellen könntest, welche wären es?

28. Dezember

Die Gedankenträgheit auf der Erde nimmt ständig zu, weil Technik und Wissenschaft viel zu viel von der Eigenverantwortung der Menschen übernehmen. Sicherheit und Bequemlichkeit führen zu Gedankenarmut.
Wie fühlen sich deine Gedanken an?

29. Dezember

Zur geistigen Erhebung des Menschen werden viele Praktiken angepriesen. Doch die einfachste Praktik besteht darin, zu erkennen, dass du eine unsterbliche Seele mit einem Bewusstsein bist.
Fühlst du dich unsterblich?

30. Dezember

Die Reinkarnation ist die wichtigste Phase des menschlichen Lebens. Sie ist die große Schulung der geistigen Menschwerdung. Sie beweist die Unsterblichkeit des menschlichen Bewusstseins. Mit dieser Erkenntnis weicht auch ein großer Teil der Todesfurcht. Sie ist eine Art Religion, die über allen Religionen der Welt steht.
Erkennst du die Wichtigkeit und die Logik der Reinkarnation?

31. Dezember

Wir bedanken uns für deine Aufmerksamkeit und wünschen dir das göttliche Licht auf deinen Wegen, viel Licht in deinem Herzen, nehme dich selbst in den Arm und denke daran, du bist ein liebenswertes Geschöpf Gottes.

Hast du dich schon einmal selbst in den Arm genommen?

Wer ist Elias?

Elias, wer bist du?

Ich bin ein autorisiertes Geistwesen, abkommandiert von Jesus Christus, um über Medien die Wahrheit über die Existenz der geistigen Welt zu vermitteln, was ich jetzt schon seit über 40 Jahren mache. Erst im Medialen Friedenskreis Berlin und seit über 20 Jahren im Spirituellen Forschungskreis Bad Salzuflen. Ich bin ein Krieger der Wahrheit. Das letzte Mal war ich im 17. Jahrhundert in Port-Royal, Frankreich, inkarniert und besaß ein Weingut.

Haben Sie Interesse an einem kostenlosen Probeprotokoll einer medialen Sitzung des Spirituellen Forschungskreises e.V., Bad Salzuflen? Wir senden es gerne zu.

Bergkristall Verlag GmbH
Krumme Weide 30, 32108 Bad Salzuflen

Bitte beachten Sie auch die folgenden Seiten.

Weitere Bücher von Elias

Das kleine Buch vom Schutz der Seele

Martin Fieber (Hrsg.)

192 Seiten - **ISBN 978-3-935422-44-4**

Wozu sollte man sich schützen? Warum gerade bei Vollmond? Warum sollte man regelmäßig die Chakren schließen? Wie schützt uns unser Seelenstein? Und unsere Geburtsfarbe? Was ist ein Seelenhaus?

In diesem Buch erklärt Elias die Hintergründe, warum die Seele geschützt werden sollte. Die durch Abbildungen veranschaulichten einfachen Schutzübungen sollen Ihnen helfen, in Ihre Mitte zu kommen und sich von Energien abzugrenzen, die nicht gut tun.

Ein wichtiger Leitfaden aus der geistigen Praxis für unsere tägliche Praxis.

„Ein ansprechender Beitrag zum Thema geistiger Schutz, ohne jede Aufdringlichkeit, sehr erhellend." (Reiki-Magazin)

Das kleine Buch vom Schutz der Seele
Martin Fieber (Hrsg.)
Hörbuch 2CD – 124 Minuten, gelesen von
Michaela Merten und **Pierre Franckh**
ISBN 978-3-935422-64-2
Michaela Merten und Pierre Franckh machen dieses Hörbuch zu einem Ereignis.

Das Geistige Reich
Martin Fieber (Hrsg.)
240 Seiten - **ISBN 978-3-935422-09-3**
Wie ist das geistige Reich aufgebaut? Welche Aufgaben haben Erzengel, Lichtträger und Lichtboten?
Hier erfahren Sie alles, was Sie schon immer mal über das geistige Reich wissen wollten. Lernen Sie den Aufbau der geistigen Sphären kennen und was man für Voraussetzungen in seiner Seele erfüllen sollte, um in diesem großen Reich, unserer wahren Heimat, sich weiterzuentwickeln.

Das Geheimnis unserer Gedanken

Martin Fieber (Hrsg.)

160 Seiten - **ISBN 978-3-935422-10-9**

Was ist das Denken? Wie funktioniert es? Was ist Intelligenz? Wie funktioniert Telepathie? Und wo sitzt die Erinnerung? Was ist die Aufgabe unseres Gehirns? Wo findet das Denken eigentlich statt? Was ist der Unterschied zwischen Inspiration und Intuition?

Auf diese und viele andere Fragen hat der Lichtträger Elias eine überzeugende und logische Antwort parat. Jeder wahrlich Interessierte wird mit diesem wegweisenden, ja revolutionären Buch einen Schatz in Händen halten, der eine lebenslange Bereicherung sein wird.

Reinkarnation und Religion

Martin Fieber (Hrsg.)

320 Seiten - **ISBN 978-3-935422-11-6**

Was bedeutet Reinkarnation? Was ist göttlicher Glaube? Worin irrt die Kirche? Was ist wahrer Spiritualismus? Kann ein Atheist einen größeren Glauben besitzen als der Papst?

Reinkarnation, Religion und Spiritualismus oder die Lehre der Grenzwissenschaft, kann man nicht trennen, es gehört alles zusammen. Ganz selten wurden bisher diese miteinander verwandten Bereiche unserer Religio, also unserer Rückverbindung mit Gott, in einem Buch dargestellt. Aufklärung pur. Ein Meilenstein.

„Das Leben ist viel wichtiger als eine Zeremonie. Die wahre Religion ist kein Ritual, sondern ein heiliger Dienst am Menschen." (Elias)

Gedanken für den Weltfrieden

Martin Fieber (Hrsg.)

176 Seiten - **ISBN 978-3-935422-49-9**

Dieser wunderschöne Geschenkband enthält eine Sammlung verschiedenster Gedanken der geistigen Welt, die jeden friedliebenden Menschen ansprechen werden.

Die einfachen, brillanten Gleichnisse und Beschreibungen sind heutzutage aktueller denn je.

Die Blaue Reihe

Diese Buchreihe umfasst das Ergebnis der Forschungsarbeit des Medialen Friedenskreises Berlin, der damals von geistiger Seite u. a. von Elias geleitet wurde.

Band 1: Jesus Christus
Martin Fieber (Hrsg.)
80 Seiten - **ISBN 978-3-935422-01-7**
War Jesus Christus die Inkarnation Gottes? Was hat er bis zu seinem 28. Lebensjahr gemacht? Ist er wirklich für uns Menschen gestorben und hat alle Sünden auf sich genommen? In diesem Buch finden Sie Wahrheiten und Antworten auf viele Fragen zu der größten Seele, die je auf diesem Planeten lebte.

Band 2: Das Sterben
Martin Fieber (Hrsg.)
160 Seiten - **ISBN 978-3-935422-02-4**
Was geschieht im Augenblick des Todes? Was geschieht bei tödlichen Unfällen oder Selbstmord mit der Seele? Wie wirkt sich Trauer von Hinterbliebenen auf das Befinden der ‚Verstorbenen' aus? Das Tabuthema vieler Menschen wird an der Wurzel gepackt. Die große Bedrohung wird durch dieses Buch in ein vertrautes Wissen umgewandelt. Das Weiterleben der Seele nach dem körperlichen Tod wird erläutert und nachgewiesen.

Band 3: Die Stimme Gottes
Martin Fieber (Hrsg.)
64 Seiten - **ISBN 978-3-935422-03-1**
Ein provokanter Titel für ein Buch, in dem ein hohes Geistwesen stellvertretend für die göttlichen Sphären spricht. Es wird aufgezeigt, wie die Geschehnisse auf diesem Planeten von einer höheren Warte aus gesehen

werden. Gesellschaft, Politik, Wissenschaft und Kirche werden in einer für jedermann verständlichen Weise unter die Lupe genommen, die Probleme beim Namen genannt und Lösungsvorschläge gemacht. Hier wird Klartext geredet!

Band 4: Die mediale Arbeit

Martin Fieber (Hrsg.)

176 Seiten - **ISBN 978-3-935422-04-8**

Was ist Medialität? Welche Voraussetzungen müssen für mediale Arbeit erfüllt sein? Welche Gefahren gibt es im Verkehr mit der Geisterwelt Gottes? Im Dialog mit der geistigen Welt werden die wichtigen Grundbedingungen und Gesetzmäßigkeiten genannt, die für positive mediale Arbeit unerlässlich sind. Es wird deutlich auf die Gefahren des Spiritismus hingewiesen und aufgezeigt, wie gute und schlechte Medien bzw. mediale Kontakte unterschieden werden können. Dieses Buch klärt auf und warnt vor Leichtsinnigkeit.

Band 5: Der Schöpfer – Der Widersacher
Martin Fieber (Hrsg.)
160 Seiten - **ISBN 978-3-935422-05-5**

Wer und was ist der Schöpfer? Warum lässt Gott so viel Leid zu? Gibt es einen Widersacher?

Die geistige Welt hat hier den Versuch unternommen, die Existenz Gottes und seine grandiose Schöpfung zu beschreiben. Außerdem kommt die Tragik der Geschehnisse um Luzifer, den Widersacher, deutlich zum Ausdruck. Sie finden Erklärungen zu einem Bereich des Glaubens, den die Kirche uns verschweigt.

Band 6: Die Seele – Der Schutzpatron
Martin Fieber (Hrsg.)
128 Seiten - **ISBN 978-3-935422-06-2**

Seele – was ist das? Wie funktioniert das Zusammenspiel von Seele, Geist und Körper? Hat jeder Mensch einen persönlichen Schutzpatron, und wie macht sich der bemerkbar? Die geistige Welt bringt uns das

Thema auf einfache und deutliche Art und Weise nahe und führt uns in das Thema der Reinkarnation ein.

Band 7: Krankheit, Heilung und Gesundheit
Martin Fieber (Hrsg.)
176 Seiten - **ISBN 978-3-935422-07-9**
Was sind die Hauptursachen von Krebs? Worauf sollte man bei der Ernährung achten? Gibt es eine geistige Heilung und wie funktioniert sie? Welche Folgen hat der Genuss von Alkohol und Nikotin für Seele, Geist und Körper? Die geistige Welt hilft uns, Ursachen vieler Krankheiten zu erkennen. Außerdem werden Maßnahmen zur ganzheitlichen Heilung bzw. Gesunderhaltung beschrieben. Weitere Schwerpunkte sind Gebet, Drogen und Karma.

Set „Die blaue Reihe" – Band 1 bis 7
Martin Fieber (Hrsg.)
944 Seiten
ISBN 978-3-935422-29-1

Weitere Bücher aus unserem Verlag

Strömende Stille
Hermann Ilg
96 Seiten - **ISBN 978-3-935422-55-0**
Dieser Band enthält Gedichte von kosmischem Charakter, ebenfalls von der geistigen Welt uns Menschen überreicht. Es sind wunderschöne Verse, die Herz und Seele berühren. Ein Büchlein, das auch als Geschenk gut geeignet ist. Mit einfühlsamen Zeichnungen.

„Die tiefste Wahrheit strahlt in den Gedichten auf, die einfach sind wie Kinderworte. Damit sind Sinn und Bedeutung der Gedichte von Hermann Ilg umrissen. Sie sind Meditationen in Versen, Lautwerdungen mystischen Natur-, Geist- und Gott-Erlebens. Sie enthüllen mit wenigen Worten verborgene Weisheit und Gewissheit.“
(K.O. Schmidt)

Das goldene Band

Maliesa Nasilowski

310 Seiten - **ISBN 978-3-935422-67-3**

Gibt es ein Leben nach dem Tod? Und wenn es eines gibt, wie geht es dann weiter? Die Autorin gibt in unorthodoxer Weise Auskunft über diese Fragen. Dieses Buch zeigt, wie durch „Das goldene Band" die Autorin mit ihrem Mann Horst zusammengeführt wurde, und es beginnt mit der Schilderung seines ‚Todes', des Überganges vom irdischen Leben ins geistige Reich. Nach einigen Monaten war sogar eine Kontaktaufnahme mit Elias im Spirituellen Forschungskreis Bad Salzuflen (SFK) mittels eines Mediums möglich.

In 24 einzigartigen Protokollen von medialen Sitzungen des SFK wird über ein Leben nach unserem Tod berichtet, und es werden Einblicke in die Tätigkeiten der Jenseitigen gewährt. Es wird geschildert, wie Horst im geistigen Reich in Empfang genommen wurde, wo er dann seinen früher verstorbenen Sohn wieder traf.

Immer wieder werden die unterschiedlichsten Aspekte des irdischen Lebens mit der Weisheit von Lichtboten und Lichtträgern erklärt. Dieses Buch ist ein Schatz an geistigem Wissen.

Reiki – Ein Geschenk des Himmels

Gertrud Manasek

112 Seiten - **ISBN 978-3-935422-61-1**

Diese Buchreihe ist in drei Teile untergliedert. Es umfasst alle drei Reikigrade in Form von Erlebnisberichten, in die die Erfahrungen aus vielen Reiki-Seminaren eingeflossen sind. Der Leser fühlt sich sofort und unmittelbar aktiv mit einbezogen und wird so zum aktiven Teilnehmer dieser Seminare.

Der erste Teil vermittelt ein tiefes Verständnis für die Reiki-Energie und zeigt den spirituellen Hintergrund in seiner Vielschichtigkeit auf. Ein weit gespannter Bogen unterschiedlichster Themen erwartet den Leser. Dieses Buch ist eine Fundgrube für jeden bewusst lebenden Menschen und führt ihn über die einzigartige Reiki-Energie zu seinem wahren Selbst.

Das Gnadengeschenk Reiki II

Gertrud A. Manasek

160 Seiten - **ISBN 978-3-935422-62-8**

Im zweiten Teil der Reiki-Trilogie nimmt die erfahrene Reiki-Lehrerin die vielen konstruktiven und weiterführenden Gedanken und Anregungen aller Reiki-Schüler auf. Den interessierten Leser erwarten viele praktische Hinweise für den Umgang mit sich selbst, aber auch meditative Impulse und Lebensweisheiten hohen Grades mit dem Reiki Grad II.

Das Mysterium der Reiki-Meister-Energie

Gertrud A. Manasek

160 Seiten - **ISBN 978-3-935422-63-5**

Das dritte Buch beschreibt die konsequente Fortführung, Weiterentwicklung und Vervollkommnung des einmal beschrittenen Reiki-Weges, der in die allumfassende Harmonie der universellen Lebensenergie Reiki führt. Der Leser wird mit einer Fülle von spirituellem Wissen, vertieften Detailkenntnissen und mannigfaltigen, leicht in die Praxis umsetzbaren und in das tägliche Leben integrierbaren Hinweisen vertraut gemacht.

Ein Reiki-Buch für Fortgeschrittene und solche, die ihr Wissen mit kosmischem Wissen vervollständigen möchten.

Seele des Friedens
Martin Fieber
128 Seiten - **ISBN 978-3-935422-65-9**
(mit über 40 meditativen Zeichnungen)
Dies ist eine kleine Geschichte über Ängste und wie man sie in aufbauende Energie umwandelt. In Mut machenden Worten empfängt eine kleine Seele von einer gro-

ßen Seele Antworten auf ihre innersten
Ängste und Fragen. In spielerischer Form
werden über 40 Ängste besprochen und
lassen so den Sinn hinter den Ängsten erkennen. Abschließend wird aufgezeigt, wie
man seine Ängste an die geistige Welt ab-
geben kann.

Steh' endlich auf!
Martin Fieber
128 Seiten - **ISBN 978-3-935422-47-5**
Dieser lehrreiche Erfahrungsbericht beschreibt die Abgründe einer spirituellen
Abhängigkeit bis ins kleinste Detail: von
den anfänglichen euphorischen Gefühlen,
über die Hölle der seelischen Schmerzen,
bis zurück in die Freiheit des normalen Lebens. Er wird ergänzt von einem Leitfaden,
welcher den Weg zu finden hilft durch den
Jahrmarkt der heutigen Esoterik und den
Dschungel der dazugehörigen Seminaran-
gebote. Spannend, ehrlich und wahrhaftig

geschrieben. Dieses Aufklärungswerk
könnte Leben retten.

Machu Picchu – Die Stadt des Friedens

Martin Fieber
192 Seiten, 125 farbige Abbildungen
ISBN 978-3-935422-48-2
Machu Picchu ist nicht nur die beliebteste
Touristenattraktion Perus sondern ganz
Südamerikas. Und doch ist Machu Picchu
immer noch eines der größten Geheimnisse
der Welt. Das Buch ist eine spannende Rei-
se zu diesem magischen Ort in den Wolken,
in die Vergangenheit Perus, in die Geschichte unseres Planeten und zur eigenen
Seele. Wie es schon bei den ägyptischen
Pyramiden war, gibt es auch bei der be-
rühmten Inkastadt keinen Zweifel, dass die
Bauweise der Fundamente der dortigen Ge-
bäude außerirdischen Ursprungs ist.

Poster Machu Picchu

64 cm breit / 45 cm hoch - **ISBN 978-3-935422-46-8**

Ein Motiv aus obigem Buch. Allein das Anschauen des Bildes lässt Sie einen Hauch dieses magischen Friedens erleben.

Die Santiner

Martin Fieber (Hrsg.)

240 Seiten - **ISBN 978-3-935422-08-6**

Wer sind die Santiner? Wo und wie leben sie? Welchen Auftrag haben sie? Hier erfahren Sie, warum die Santiner sich im Bereich unseres Planeten aufhalten und was sie uns mitzuteilen haben. Einige eindringliche Reden ihrer Führungspersönlichkeit Ashtar Sheran bilden den Kern dieses Werks. Zusätzlich enthält das Buch weitere Botschaften von ihm und anderen Santinern aus neuerer Zeit. Diese wurden im Spirituellen Forschungskreis e.V. Bad Salzuflen empfangen, der eng mit unserem Verlag zusammenarbeitet.

Die Botschaft der Santiner
Martin Fieber (Hrsg.)
448 Seiten - **ISBN 978-3-935422-60-4**
(mit vielen medialen Zeichnungen)
Ashtar Sheran, die Führungspersönlichkeit
der Santiner, nimmt Stellung zu den Gege-
benheiten auf unserem Planeten. Ob Religion, Wissenschaft oder Politik, es wird aufgezeigt, wie hilflos wir unseren Problemen
in allen Bereichen gegenüberstehen. Ashtar
Sheran gibt wertvolle Hinweise zur Bewäl-
tigung unserer Schwierigkeiten. Eine konsequente Umkehr ist dafür Voraussetzung.
Dieses Buch enthält unter anderem einige
mediale Zeichnungen von Santinern,
Raumschiffen, Raumstationen und technischen Geräten der Santiner. Die Botschaften und Zeichnungen wurden durch mediale
Handführung im Medialen Friedenskreis
Berlin übermittelt. Dieses Buch enthält die
früheren 14 Broschüren „Friede über alle
Grenzen", endlich in einem Buch zusam-
mengefasst.

Die Mission der Santiner

Hermann Ilg

240 Seiten - **ISBN 978-3-935422-58-1**

Die Mission der Santiner ist ein beispiello-
ser Liebesdienst, den eine treu zu Gott ste-
hende Menschheit, die Santiner, in vorbild-
licher Weise für die irdischen Menschen
erfüllt. Hier wird die aufwändige Mission
umfassend beschrieben. Zusätzlich enthält
das Buch eine kurze Gruß-Botschaft von
Hermann Ilg selbst aus dem Jahre 2004, die
er uns über ein ihm schon aus irdischen
Zeiten bekanntes Medium übermittelt hat,
und eine Botschaft der Santiner sowie eine
abschließende Rede von Ashtar Sheran.

Das Leben der Santiner

Hermann Ilg

320 Seiten - **ISBN 978-3-935422-43-7**

Wie leben die Santiner? Wie sieht ihr Ta-
gesablauf aus? Wie unterscheidet sich ihr
Heimatplanet von der Erde? In diesem
Buch erfahren Sie mehr über die Santiner

und ihr Wesen, wie sie wohnen, wie sie denken und was sie uns Menschen auf der Erde mitteilen möchten. Ergänzt werden sie mit aktuellen Durchgaben der Santiner, die in den letzten Jahren im SFK erfolgten.

Die Bauten der Außerirdischen in Ägypten
Hermann Ilg – Helmut P. Schaffer
160 Seiten, 70 Fotos-**ISBN 978-3-935422-59-8**
Dieses Buch enthält eine Fülle von Beweisen für die Beteiligung außerirdischer Menschen an der Errichtung der großartigsten Bauwerke dieses Planeten. Durch die inspirative Hilfe von Geistwesen und Santinern gelingt es Hermann Ilg mit überzeugend einfacher Logik, uns dieses spannende Thema näher zu bringen. Es wird lebhaft beschrieben, wie es seinerzeit gelingen konnte, innerhalb kürzester Zeit diese gewaltigen Steine in absoluter Perfektion aufeinander zu türmen. In leicht verständlichen Worten werden Sinn und Zweck der Pyramiden und anderer Bauten erklärt.

Die große Begegnung
Herbert Viktor Speer

208 Seiten - **ISBN 978-3-935422-66-6**

Ein ergreifender Erfahrungsbericht von Begegnungen mit der lichten und dunkleren Jenseitswelt. Der Autor, der den früheren Medialen Friedenskreis Berlin gegründet hat und dessen Botschaften in der ganzen Welt bekannt waren, schildert hier seinen ergreifenden spirituellen Weg. Jeder Weg zur Bewusstwerdung ist irgendwann einmal ein sehr schwieriger und beschwerlicher. Herbert Viktor Speer suchte sich einen manchmal nicht in Worte fassenden Weg aus, der in einem Kampf mit der Dunkelheit seinen Höhepunkt fand. Seine Erlebnisse sind sehr ehrlich und sehr wahrhaftig geschrieben. Dieses Buch ist nichts für schwache Nerven, aber jeder, der dieses Buch liest, geht von nun an mit anderen Augen durch die Welt.